Sonja Hahn-Schmück

Erstausstattung für Babys nähen aus Jersey

HALLO DU,

ich freue mich riesig, dass du mein Buch gefunden hast!

Viele Hobbynäherinnen kommen mit unserem großartigen Hobby in Berührung, wenn sie schwanger sind oder im Familien- und Freundeskreis Babys zur Welt kommen. Denn dann ist man gerne auf der Suche nach einem besonderen, individuellen Geschenk für die kleinen Schätze. Daher liegt es nahe, ein Buch ganz diesem Thema zu widmen.

Meine Vorstellung war, ein Nähbuch zu erstellen, welches lauter Projekte enthält, die Baby's erstes Lebensjahr abdecken.

Mit leicht nachvollziehbaren Schritt-für-Schritt-Anleitungen und erklärenden Fotos möchte ich es auch Nähanfängern ermöglichen, eine erste Babyausstattung zu nähen und am Ende wunderschöne Modelle in den Händen zu halten.

Lies dir bitte zunächst die allgemeinen Informationen zum Gebrauch des Buches durch. Dort sind viele Begrifflichkeiten erklärt und einige Nähschritte – die bei mehreren Projekten zum Einsatz kommen – bebildert beschrieben. In den einzelnen Anleitungen findest du dann an den entsprechenden Stellen zur Erinnerung Verweise auf die allgemeinen Erklärungen.

Und nun wünsche ich dir ganz viel Freude und Erfolg mit den Schnittmustern
für das erste Lebensjahr

Sonja

fftn.

INHALT

Schwierigkeitsgrade:

✂ = einfach

✂✂ = mittel

✂✂✂ = anspruchsvoll

EINFÜHRUNG

ALLGEMEINES ZUM GEBRAUCH DES BUCHES

Grundausstattung

Folgende Dinge werden generell benötigt und sind in den Anleitungen nicht noch einmal gesondert aufgeführt:

- Nähmaschine/Overlockmaschine
- Nähgarn
- Maßband und Handmaß
- Schnittmusterpapier/ -folie & Stift
- Schneiderkreide/Markierstift
- Schneiderschere und kleine Fadenschere
- Stecknadeln oder Stoffclips
- Bügeleisen & Bügeltuch

Verweise

In den Anleitungen gibt es farbig markierte *Verweise*, zu denen du eine detaillierte Erklärung in diesem Kapitel findest.

Größen

Die Schnittmuster gibt es in den Konfektionsgrößen 44, 50/56, 62/68, 74/80, 86/92. Dabei entspricht die Konfektionsgröße in der Regel der Körperhöhe.
Schuhgrößen der Boots Mila: 16 = Fußlänge 9,7 cm/0-3 Monate; 18 = Fußlänge 11 cm/6-8 Monate; 20 = Fußlänge 12,3 cm/10-12 Monate, 22 = 13,7 cm /1-2 Jahre.
Größen für Halstuch Nena und Beinsack Daniel:
Größe 1 = 0-3 Monate, Größe 2 = 4-5 Monate, Größe 3 = 6-12 Monate, Größe 4 = 18 Monate und älter

Stoff

Die Mengenangaben für die verschiedenen Größen stehen durch Schrägstriche getrennt hintereinander. Es ist empfehlenswert, jeden Stoff vor dem Zuschnitt zu waschen und zu bügeln, denn viele Stoffe laufen durch die Wäsche ein – der eine mehr, der andere weniger. Selbst beim Bügeln schrumpfen viele Materialien nochmals. Falls abweichend Stoff mit einer anderen Breite gewählt wird, verändert sich natürlich der Stoffverbrauch!

Schnittmuster

In der Modellanleitung ist angegeben, auf welchem Arbeitsbogen du die Vorlagen findest.
Wähle die Linie, die der benötigten Größe entspricht und pause das Schnittteil auf Schnittpapier oder -folie ab.
Wichtig: Übertrage sorgfältig alle Schnitt-Markierungen und Beschriftungen.

Nahtzugabe

Diese musst du bei den Schnittteilen – wenn nicht anders angegeben – selbst hinzufügen. Für das Nähen mit der Overlock ist diese – je nach Stichwahl – 0,5-0,7 cm breit, bei der normalen Nähmaschine nimmt man meist 1 cm.

Saumzugabe

Diese fügst du bei den Schnittteilen – wenn nicht anders angegeben – selbst hinzu. Je nach Größe des Kleidungsstückes liegt diese zwischen 1-3 cm.

Rechts auf rechts

Die beiden „schönen" rechten Stoffseiten liegen aufeinander.

Links auf links

Die „unschönen" linken Stoffseiten liegen aufeinander.

Bruch

Ein Schnittteil im Bruch zuschneiden bedeutet, den Stoff doppelt legen und das Schnittteil mit der Bruchkante an die Stofffalte legen. Achte ggf. auf das Muster des Stoffes!

Gegengleich

Einige Teile werden 2x und dabei paarweise benötigt, d. h. du musst das Schnitteil 1x seitenrichtig und 1x gegengleich, also gewendet zuschneiden. Das kannst du in einem Schritt machen wenn du den Stoff doppelt legst und einmal rundum das Schnittteil ausschneiden. So erhältst du zwei Teile, die gegengleich zueinander sind.

Vorderteil/ Rückteil

Beim Schlafsack Luke & Lillith ist dies das gleiche Schnittteil, bei dem lediglich der Halsausschnitt variiert. Für das Rückteil gilt die obere, flachere Linie der gewählten Größe **1** für das Vorderteil die untere, tiefere Linie derselben Größe **2**.

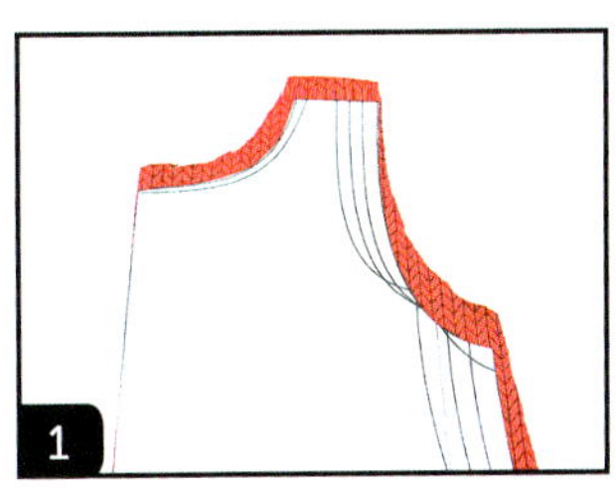

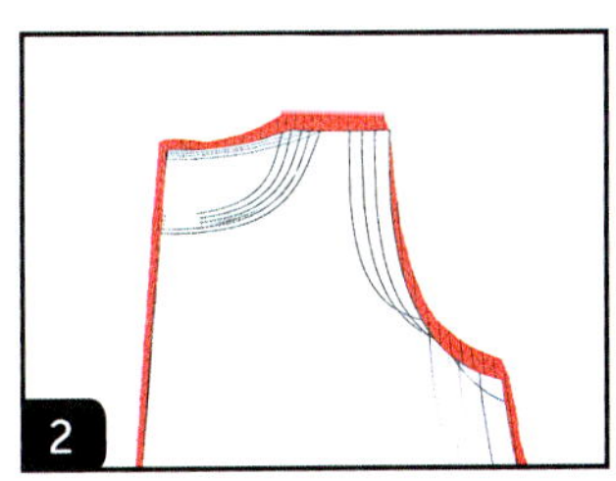

Feststeppen

Durch das Feststeppen eines Teiles/eines Saums befestigst du dieses/-en am Kleidungsstück. Nähe mit einer längeren Stichlänge (3,5-4 mm) und reduziertem Nähfußdruck. Hilfreich ist ein Nähfuß mit Obertransport. Tipp: Sehr schöne Säume kannst du mit der Coverlock nähen 3.

3

Absteppen

Durch knappkantiges Absteppen einer Naht fixierst du die Nahtzugaben auf einer Seite, so dass diese flach liegen und nicht mehr verrutschen können. Weitere Hinweise siehe Feststeppen 4.

4

Fadenraupe

Das überstehende Ende der Overlocknaht nennt man Fadenraupe 5. Dieses kannst du entweder gut verknoten und abschneiden 6 ...
... oder es mithilfe einer Nadel in die Naht einziehen 7.

5

6

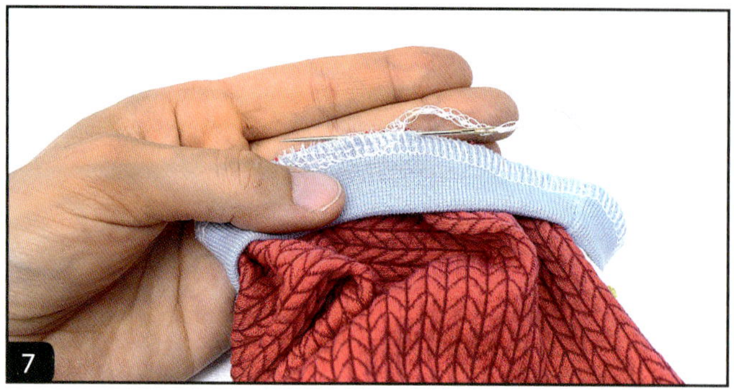
7

Wendeöffnung

Eine Wendeöffnung gibt es, wenn ein Modell mit Futter gearbeitet wird. Sie sollte nicht zu klein sein, damit sich das Teil gut wenden lässt und wenn möglich an einer geraden Kante liegen. Wende das Teil durch diese Öffnung 8. Bügle die Nahtzugaben der Wendeöffnung nach innen und stecke die beiden Bruchkanten deckungsgleich aufeinander 9.

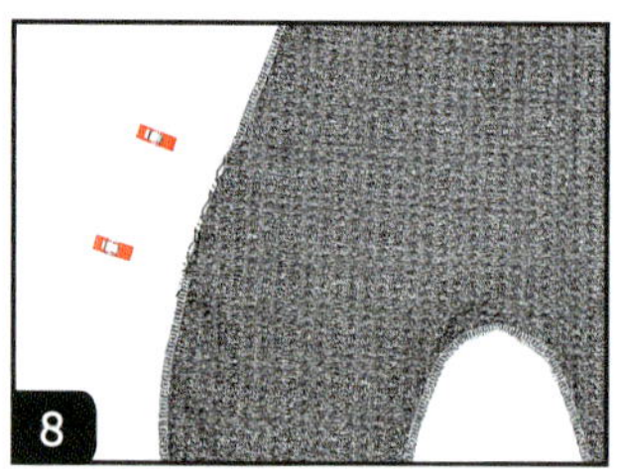
8

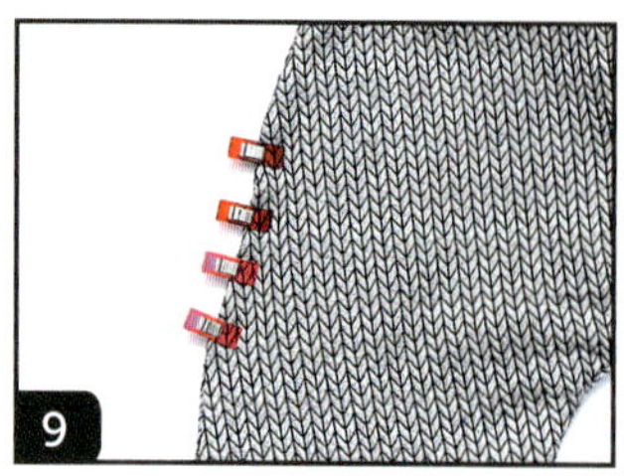
9

Mithilfe des Blind- oder Matratzenstichs kannst du die Wendeöffnung fast unsichtbar schließen. Nimm eine Nähnadel inklusive gut verknotetem Faden zur Hand und steche an einem Ende durch eine Bruchkante **10**. Lege den Faden über die Wendöffnung und steche auf der anderen Seite kurz hinter der Ausstichstelle durch den Stoff **11**.

10

11

Dasselbe wiederholst du nun an der gegenüberliegenden Bruchkante. Fahre so fort, bis du am Ende der Öffnung angekommen bist. Ziehe den Faden leicht an, so dass sich die Wendeöffnung schließt. Verknote und vernähe das Fadenende gut **12**. Von der Wendeöffnung ist nun fast nichts mehr zu sehen **13**.

12

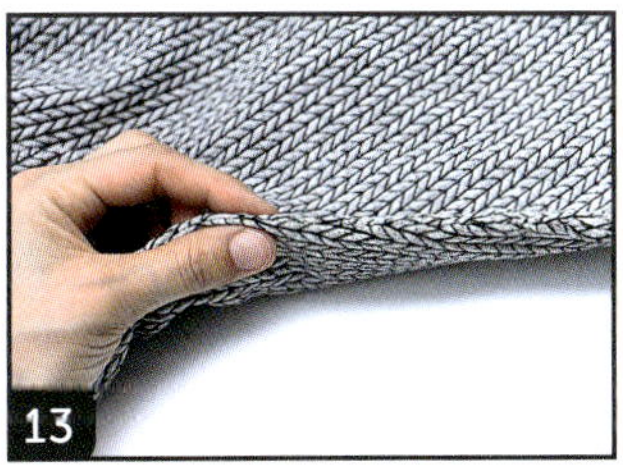
13

Bündchen

Miss die Weite der Ausschnittkante. Multipliziere diesen Wert mit dem Faktor 0,7 (bei Bündchenstoff) oder 0,8 (bei Jerseystoff) und füge Nahtzugabe hinzu. So erhältst du die Länge deines Bündchens. Die Höhe kannst du meist nach Wunsch festlegen. Bedenke jedoch beim Zuschnitt, dass du die fertige Wunschhöhe doppelt rechnest und auch hier Nahtzugabe hinzufügst **14**.

Schließe das Bündchen rechts auf rechts zum Ring **15**. Klappe das Bündchen links auf links ineinander, so dass die eben geschlossene Naht im Inneren verschwindet und die Höhe halbiert ist. Markiere die Naht, sowie den ihr gegenüberliegenden Punkt **16**.
Diese beiden Markierungen treffen nun auf die Seitennähte (oder die vordere und hintere Mitte) des Ausschnittes **17**. Stülpe das Bündchen rechts auf rechts um den Ausschnitt herum, so dass alle drei offenen Kanten genau übereinanderliegen. Achte an den Nähten darauf, dass die Nahtzugaben in unterschiedliche Richtungen zeigen **18**.

14

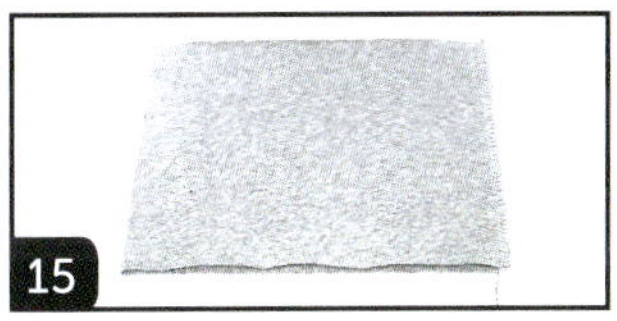
15

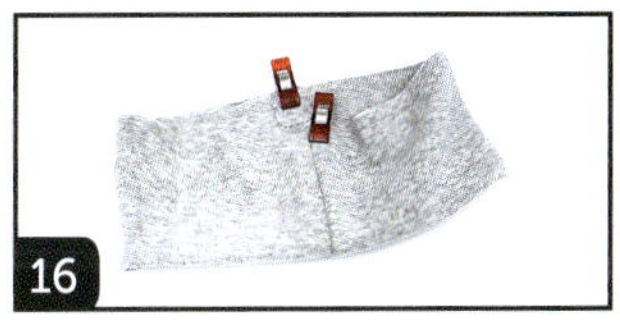
16

17

18

Nach Wunsch kannst du – bei leichter Dehnung der Stofflagen – zwischen den Markierungen noch weitere Stellen fixieren. Nähe das Bündchen unter leichtem, gleichmäßigen Zug fest **19**.

19

Hier treffen die Nähte hervorragend aufeinander **20**.

20

Anmerkung: Wenn du ein Bauchbündchen an eine Hose nähen möchtest, kann es sein, dass es bei der Berechnung mit Faktor 0,7 x *Hosenweite* zu locker ist. Daher empfiehlt es sich hier, den Faktor 0,7 x *Bauchumfang* des Kindes zu nehmen. Wenn gewünscht, kann natürlich auch ein Gummiband in das Bündchen eingezogen werden.

Knopfleiste nähen

Wenn du eine Knopfleiste nähen möchtest, arbeite wie folgt: Füge am Schnittteil 3 cm an der Vorderkante hinzu **21**.
Bügle dort auf die linke Stoffseite einen 3 cm breiten Streifen Bügelvlies nach Herstellerangaben auf, damit die Knöpfe später den Stoff nicht ausreißen.
Je nach Stoff empfiehlt es sich, die Vorderkante zu versäubern **22**.
Bügle die Kante anschließend 1,5 cm breit nach innen.
Damit sie nicht verrutscht, kannst du gerne oben und unten eine Klammer stecken **23**.
Nähe zunächst die Schulternähte deines Nähstückes rechts auf rechts zusammen **24**.

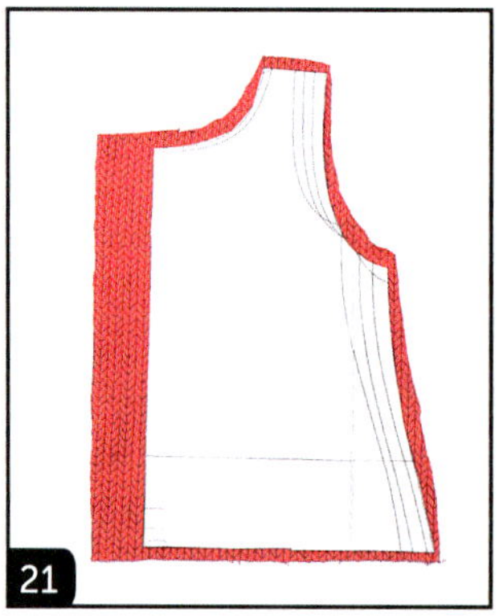

21

22

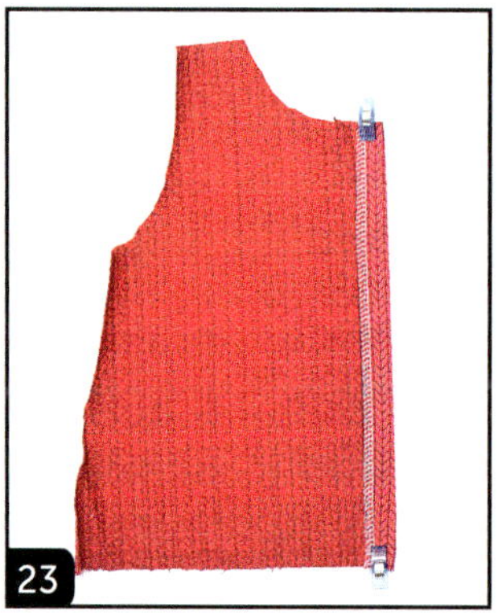

23

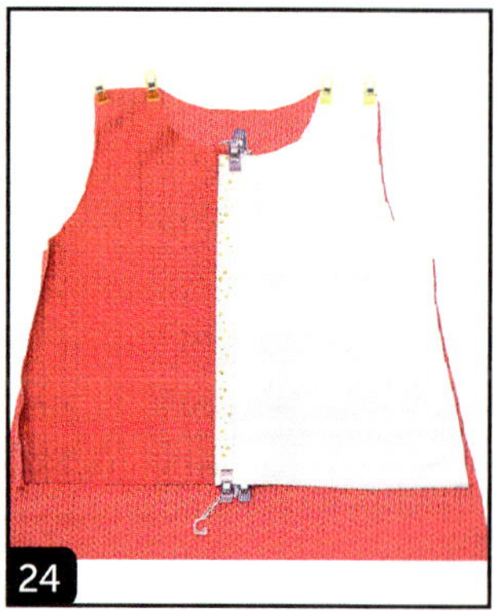

24

Das Halsbündchen misst du wie zuvor beschrieben aus. Lege dieses in der Höhe halbiert rechts auf rechts und schließe die kurzen Seitennähte. Wende es auf rechts. Markiere dir die Mitte des Halsbündchens. Diese trifft nun rechts auf rechts auf die hintere Mitte des Halsausschnittes deines Kleidungsstückes **25**.

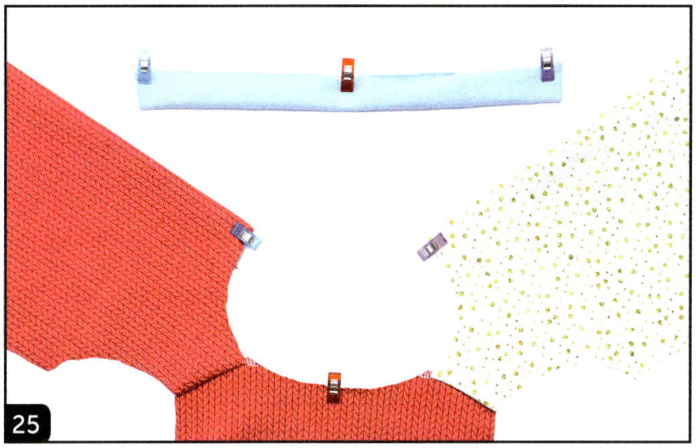

Das Bündchen endet auf beiden Seiten jeweils an der Bügelkante. Stecke das Bündchen rundherum fest **26**.

Klappe die Knopfleiste rechts auf rechts über das Bündchen und fixiere sie **27**.

Nähe das Halsbündchen unter leichtem, gleichmäßigen Zug fest **28**.

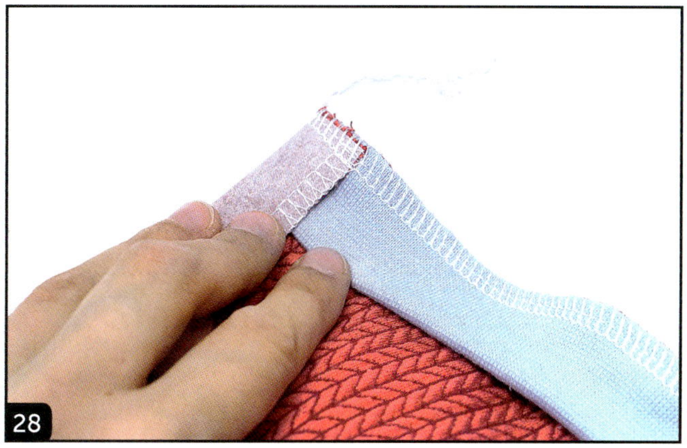

Wendest du die Knopfleiste nun auf rechts, hast du sowohl außen **29** ...

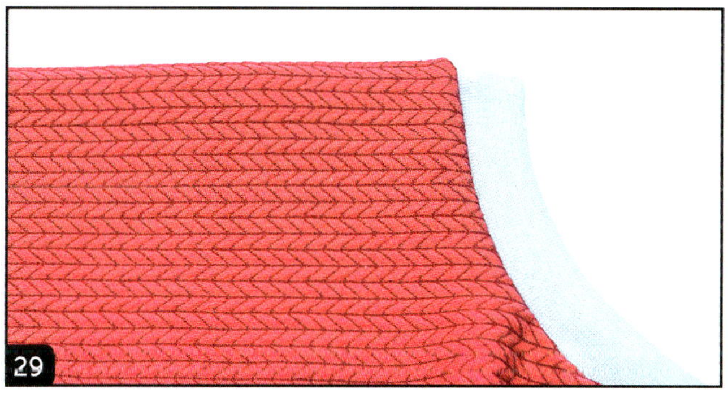

... als auch innen einen sauberen Abschluss **30**.

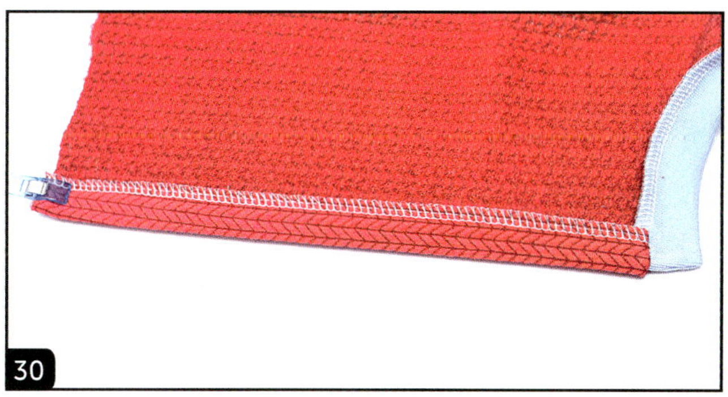

Eine Schulter-Knopfleiste funktioniert nach demselben Prinzip. Auch hier fügst du beim Zuschnitt an den Schultern etwa 2 cm hinzu **31**.

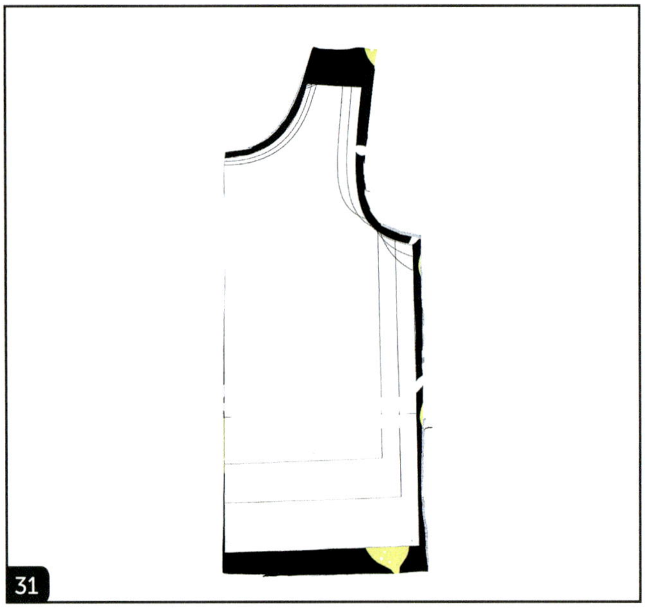
31

Wichtig: Du nähst ja in der Regel nur an einer Schulter die Knopfleiste. Daher kürze sowohl beim Vorderteil, als auch beim Rückteil an einer Schulter die Kante wieder bis auf Nahtzugabenbreite. Achte darauf, dass die Schulterkante mit Knopfleiste beim Vorderteil entgegengesetzt zu der des Rückteils ist **32**.
Hier nochmals im Detail: Eine Schulternaht des Vorderteils hat 2 cm Zugabe für die Knopfleiste, die andere nicht **33**.

32

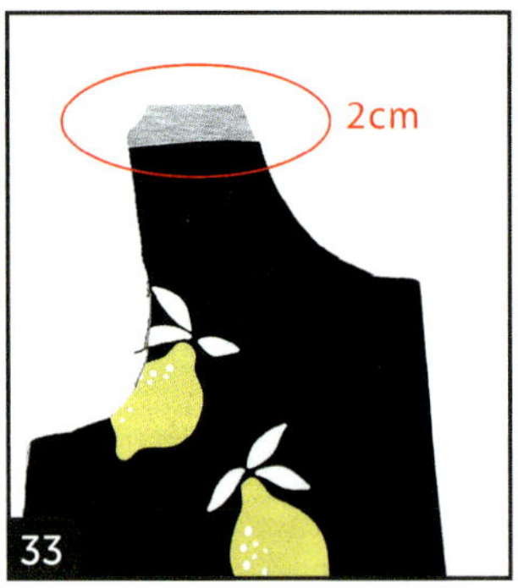

33

Lege das Vorderteil rechts auf rechts auf das Rückteil und schließe die Schulternaht ohne Knopfleiste. Folge dann den Anleitungsschritten zur Knopfleiste wie zuvor beschrieben (Bügelvlies, Bügelkante, Halsbündchen annähen). Jetzt kannst du die Ärmel annähen und dein Shirt fertigstellen **34**.

34

Zum Schluss bringst du an der Schulterknopfleiste – je nach Größe – einen oder zwei Druckknöpfe nach Herstellerangaben an **35**.

35

Spitzenband

Mädchenkleidung wird zu etwas Besonderem, wenn man ein Spitzenband o. Ä. an den unteren Rand näht. Dies bietet sich bei der Tunika Romy (Seite 68) und dem Kleid Nele (Seite 50) an.
Schließe zunächst nur eine Seitennaht, die andere bleibt offen. Miss einmal den Saum aus – du benötigst das Spitzenband in der gemessenen Länge. Stecke das Band rechts auf rechts an den unteren Rand und nähe es fest 36.

36

Dazu kannst du gerne die Overlock verwenden 37.

37

Bügle die Nahzugabe in Richtung Spitzenband 38 ...

38

... und steppe sie mit einem langen Gerad- oder Zierstich fest 39.

39

Danach schließt du die zweite Seitennaht deines Kleidungsstückes. Verwahre die Fadenraupe.

PROJEKTE

GRETA

Fleeceweste

Größe: 44/50-56/62-68/74-80/86-92 • **Schwierigkeitsgrad:** ✂✂ • **Schnittteile:** Bogen D, Weste Greta

Bei der kuschelige Fleeceweste Greta wird lediglich die Kapuze dekorativ gefüttert. Wenn du die Weste aus einem dünneren Stoff nähst, empfiehlt es sich, die Knopfleiste auf der linken Stoffseite mit Bügelvlies zu verstärken.

Material

- Fleecestoff, 140 cm breit, 25/30/35/45/50 cm
- Baumwolljacquard, 50 x 25 cm
- Bündchenstoff, 10 cm im Schlauch
- Jerseydruckknöpfe, 4 Stück

Zuschneiden

Fleecestoff

- 1x Rückteil im Bruch
- 2x Vorderteil (1x *gegengleich*) plus *Knopfleiste*
- 2x Kapuze (1x *gegengleich*)

Baumwolljacquard

- 2x Kapuze (1x *gegengleich*)

Bündchenstoff

- 2x Armlochbündchen (*Bündchen*)
- 1x Bauchbündchen (*Bündchen*)

Schnittteile

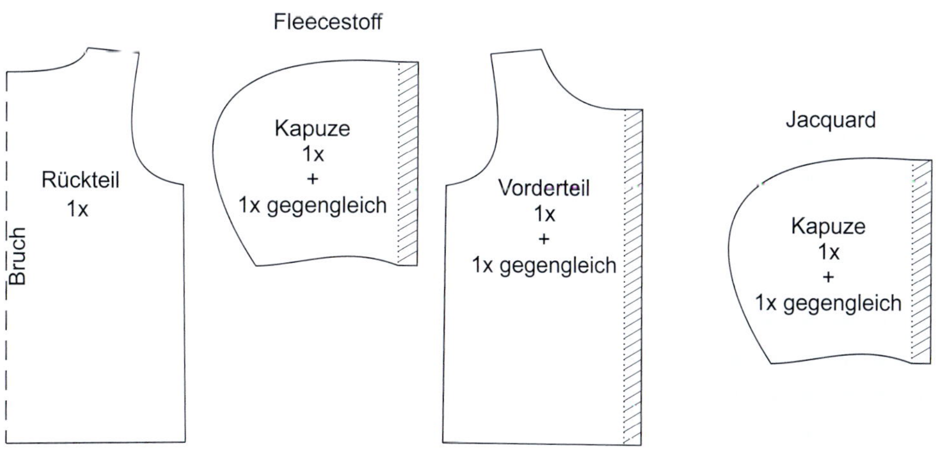

So wird's gemacht

1 Lege jeweils die beiden Außenkapuzenteile (= Fleecestoff) sowie die beiden Innenkapuzenteile (= Baumwolljacquard) rechts auf rechts und schließe die Naht der hinteren Mitte.

2 Lege die Innenkapuze rechts auf rechts in die Außenkapuze und nähe die Teile an den vorderen Kanten zusammen.

3 Lege die Vorderteile rechts auf rechts auf das Rückteil und schließe die Schulter- und Seitennähte der Weste. Stecke die Kapuze rechts auf rechts an den Halsausschnitt. Beginne dabei in der hinteren Mitte der Teile.

4 Da du ja an den Vorderteilen 3 cm Zugabe für die Knopfleiste gegeben hast, liegen die vorderen Kanten der Kapuze nicht deckungsgleich mit den vorderen Kanten der Weste. Das ist so richtig.

5 Falte die überstehenden vorderen Kanten der Weste jeweils rechts auf rechts über die Kapuze. Nähe entlang der gesamten Hals–ausschnittkante, siehe auch *Knopfleiste*.

6 Wende die Knopfleisten auf rechts, fixiere sie temporär aber steppe sie noch nicht fest. Zunächst wird das Bauchbündchen angenäht.

7 Lege das Bauchbündchen in der Höhe halbiert rechts auf rechts und schließe die beiden kurzen Seitennähte. Wende das Bündchen auf rechts.

8 Stecke das Bündchen nun gleichmäßig gedehnt rechts auf rechts an den unteren Rand der Weste. Wie beim Halsausschnitt stehen auch hier die 3 cm Zugabe für die Knopfleiste an den vorderen Kanten über und werden anschließend rechts auf rechts über das Bündchen gelegt. Nähe das Bündchen leicht gedehnt fest.

9 Wende die Knopfleisten wieder auf rechts. Nun kannst du sie knappkantig *feststeppen*.

10 Nähe die Armlochbündchen an, siehe *Bündchen*.

11 Befestige die Druckknöpfe gleichmäßig verteilt nach Herstellerangaben an der Knopfleiste.

Fertig ist deine Fleeceweste Greta!

PIA

Basic-Shirt mit langem Arm

Größe: 44/50-56/62-68/74-80/86-92 • **Schwierigkeitsgrad:** ✂ • **Schnittteile:** Bogen A, Shirt Pia

Das Basic-Shirt Pia – hier als Longshirt für den Winter – kannst du für den Sommer auch mit kurzem Ärmel nähen. Kürze den Ärmel dafür waagerecht und füge an der Kante eine Saumzugabe hinzu. Die Nähschritte sind dann gleich.

Material

- Baumwolljersey, 140 cm breit, 25/30/30/35/40 cm
- Bündchenstoff, 8 cm im Schlauch

Zuschneiden

Baumwolljersey

Bei den kleineren Größen empfiehlt es sich, an einer Schulter eine Knopfleiste zu nähen, damit der Kopf des Babys leichter durch die Öffnung passt. Beachte dafür bitte vor dem Zuschnitt des Vorderteils und des Rückteils die Informationen zur *Knopfleiste*.

- 1x Vorderteil im Bruch ggf. plus *Knopfleiste*
- 1x Rückteil im Bruch ggf. plus *Knopfleiste*
- 2x Ärmel im Bruch

Bündchenstoff

- 1x Halsbündchen (*Bündchen*)

Schnittteile

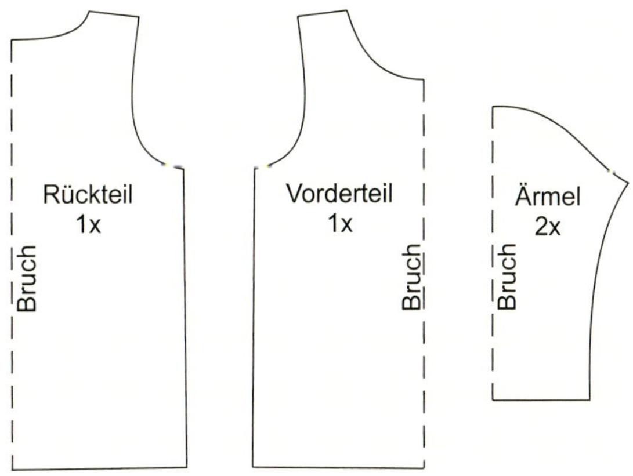

So wird's gemacht

1 Nähe Schulternähte, Halsbündchen und Knopfleiste wie unter *Knopfleiste* beschrieben.

2 Markiere bei einem Ärmel an der Armkugel die Mitte, diese trifft nun rechts auf rechts auf die Schulternaht bzw. Knopfleiste. Nähe den Ärmel an den Armausschnitt.

3 Je nach Stoff empfiehlt es sich, den unteren Ärmelrand zu versäubern.

4 Lege das Vorderteil wieder rechts auf rechts auf das Rückteil; den Ärmel rechts auf rechts längs zur Hälfte und schließe dann die Arm-/Seitennaht des Shirts durchgehend.

5 Nähe den zweiten Ärmel und die zweite Arm-/Seitennaht wie bei Punkt 4 beschrieben.

6 Versäubere den unteren Shirtrand. Bügle die unteren Ränder von Shirt und Ärmeln jeweils 2 cm breit nach innen und säume sie mithilfe der Coverlock oder eines elastischen Stiches der Nähmaschine (*Feststeppen*).

7 Fertig ist dein Longshirt Pia mit Knopfleiste!

2

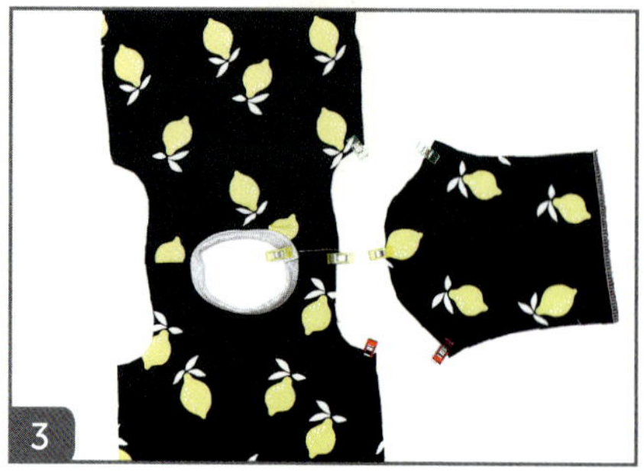

3

4

6

7

JENKE

Pumphose mit Bauchtasche

Größe: 44/50-56/62-68/74-80/86-92 • **Schwierigkeitsgrad:** ✂✂ • **Schnittteile:** Bogen B, Pumphose Jenke

Die flotte Pumphose Jenke punktet mit einer coolen Bauchtasche! Anfängerleicht wird sie, wenn du das Vorderteil ohne Teilung zuschneidest und die Bauchtasche einfach weglässt.

Material

- Baumwolljersey, 140 cm breit, 30/35/35/40/45 cm
- Baumwolljacquard, 25 x 15 cm
- Bündchenstoff, 15 cm im Schlauch

Zuschneiden

Baumwolljersey

- 1x Rückteil im Bruch
- 1x Vorderteil oben, im Bruch
- 1x Vorderteil unten, im Bruch
- 1x Zwickel im Bruch

Baumwolljacquard

- 1x Tasche im Bruch

Bündchenstoff

- 1x Bauchbündchen (*Bündchen*)
- 2x Beinbündchen (*Bündchen*)
- 2x Bündchenstreifen für Taschen-eingriffe

Für diese wird eine Höhe von 4 cm (vernäht 1,5 cm) empfohlen. Schneide sie in der Länge entsprechend der Rundung des Tascheneingriffs zu. Da diese Bündchen nur sehr leicht gedehnt angenäht werden, schneidest du das überstehende Ende danach einfach ab.

Schnittteile

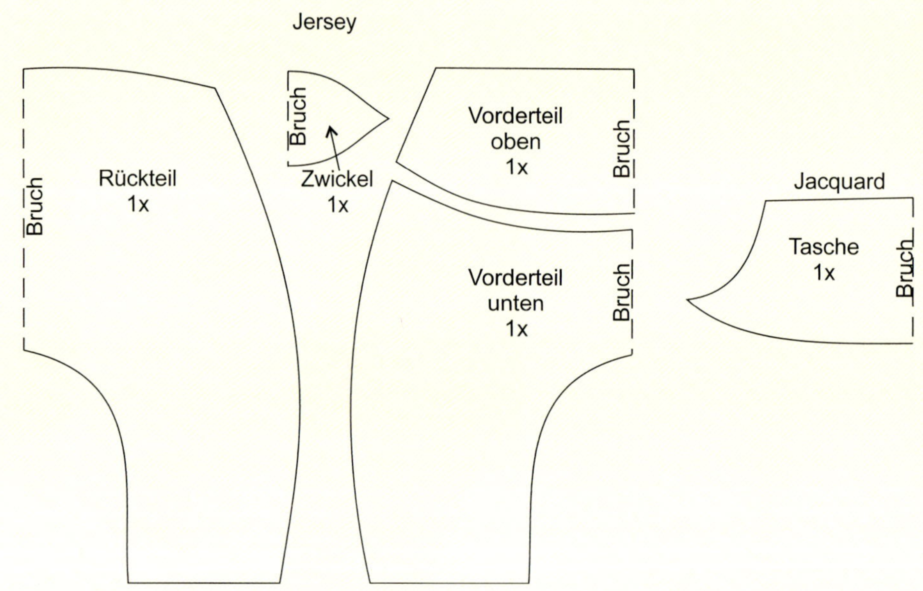

So wird's gemacht

1 Lege einen Bündchenstreifen mittig halbiert links auf links und nähe ihn rechts auf rechts unter sehr leichtem Zug an einen Tascheneingriff. Schneide den überstehenden Rest des Bündchenstreifens ab und steppe die Ansatznaht von rechts knappkantig ab (*Absteppen*).

Wiederhole diesen Arbeitsschritt mit dem zweiten Bündchenstreifen am zweiten Tascheneingriff.

2 Lege die Tasche mit der linken Stoffseite auf die rechte Seite des oberen Vorderteils und stecke sie gut fest. Lege das untere Vorderteil mit der oberen Kante rechts auf rechts auf die untere Kante des oberen Vorderteils. Fixiere die Kanten deckungsgleich und nähe sie zusammen. Falte das untere Vorderteil auf und steppe die Naht von rechts knappkantig ab.

3 Nähe den Zwickel mittig rechts auf rechts an das Rückteil.

4 Lege das Vorderteil rechts auf rechts auf das Rückteil. Schließe sowohl die Seitennähte, als auch die Innenbeinnaht. Dabei trifft die vordere Mitte des Vorderteils auf die vordere Mitte des Zwickels.

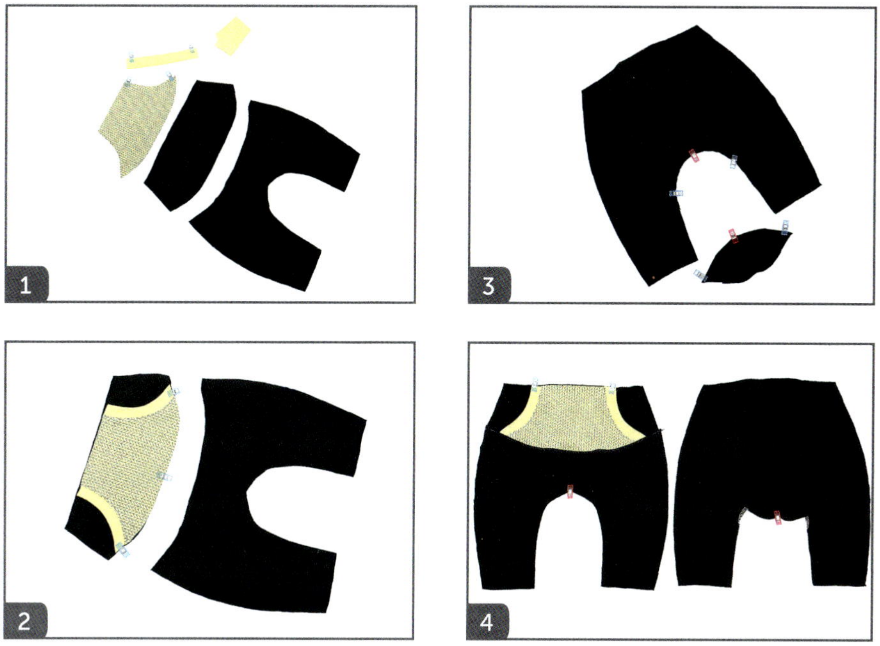

5 So sieht die Hose nun auf der Innenseite aus.

6 Wende die Hose auf rechts und nähe das Bauchbündchen sowie die Beinbündchen an (siehe *Bündchen*).

7 Fertig ist deine Pumphose Jenke!

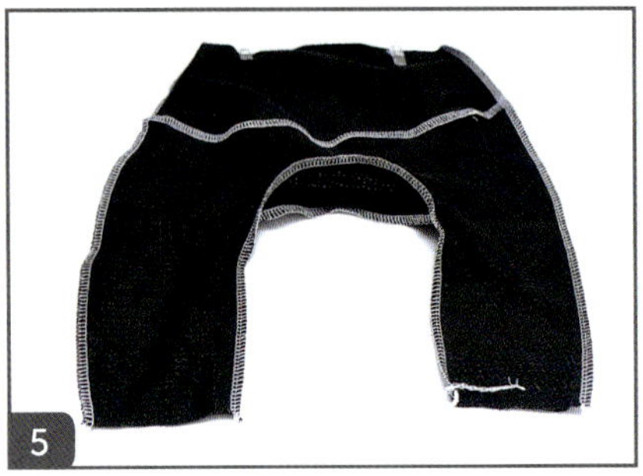

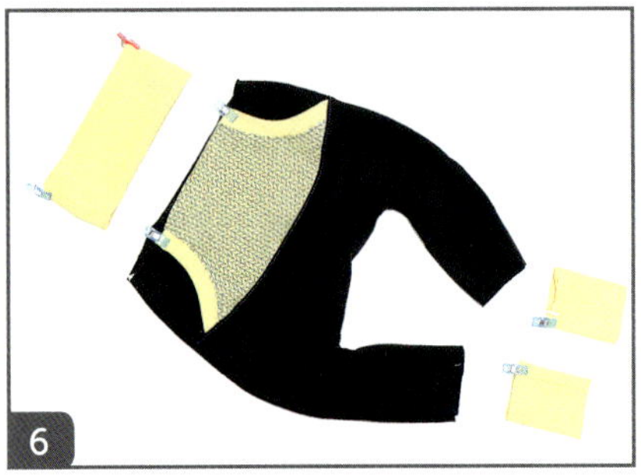

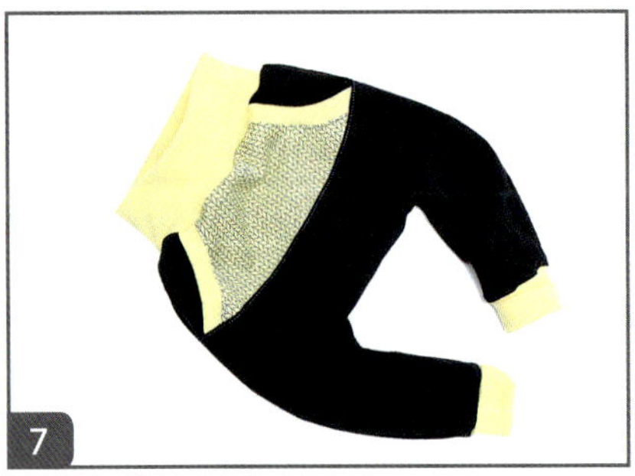

BE HAPPY

NENA

Halstuch

Größe: 1-4 • **Schwierigkeitsgrad:** ✂ • **Schnittteile:** Bogen B, Halstuch Nena

Flink genäht ist das Halstuch Nena! Es eignen sich sowohl dehnbare, als auch nicht dehnbare Stoffe. Für dieses Sommertuch wurden Baumwolljersey und -jacquard kombiniert. Für ein Wintertuch eine Lage aus Baumwollfleece nehmen – für starke Saugfähigkeit eine Lage aus Frottee verwenden.

Material

- Baumwolljersey, 140 cm breit, 25 cm
- Baumwolljacquard, 140 cm breit, 25 cm
- Jerseydruckknopf
- optional etwas Bügelvlies, um bei dünnen Stoffen die Druckknopfpositionen auf der linken Stoffseite zu verstärken

Zuschneiden

Baumwolljersey

- 1x Halstuch

Baumwolljacquard

- 1x Halstuch gegengleich

Schnittteile

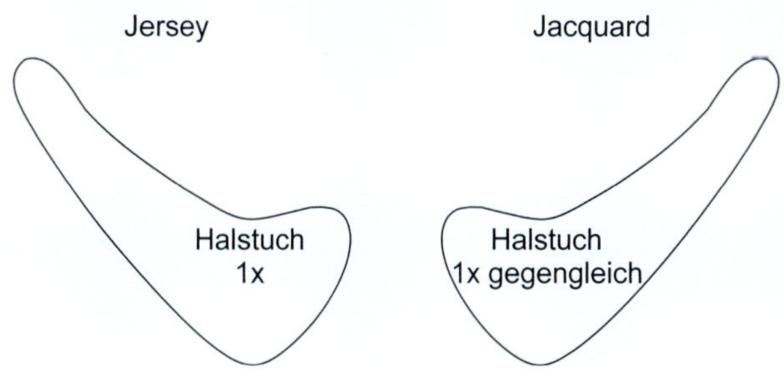

So wird's gemacht

1 Bügle optional an den Druckknopfpositionen Bügelvlies auf die linken Stoffseiten. Lege die beiden Schnittteile rechts auf rechts und nähe die Außenkanten rundherum bis auf eine kleine *Wendeöffnung* zusammen (diese ist im Bild mit gelben Clips markiert).

2 Wenn du mit der normalen Nähmaschine nähst, empfiehlt es sich, die Nahtzugaben zurückzuschneiden und an den Rundungen einzuknipsen.

3 Wende das Tuch auf rechts und bügle die Kanten im Nahtbruch flach.

4 Steppe das Tuch einmal knappkantig rundherum ab, dabei schließt du gleichzeitig die Wendeöffnung.

5 Wenn du möchtest, kannst du ein kleines Etikett o. Ä. aufsteppen. Bringe den Druckknopf nach Herstellerangaben an.

6 Fertig ist dein flottes Halstuch Nena!

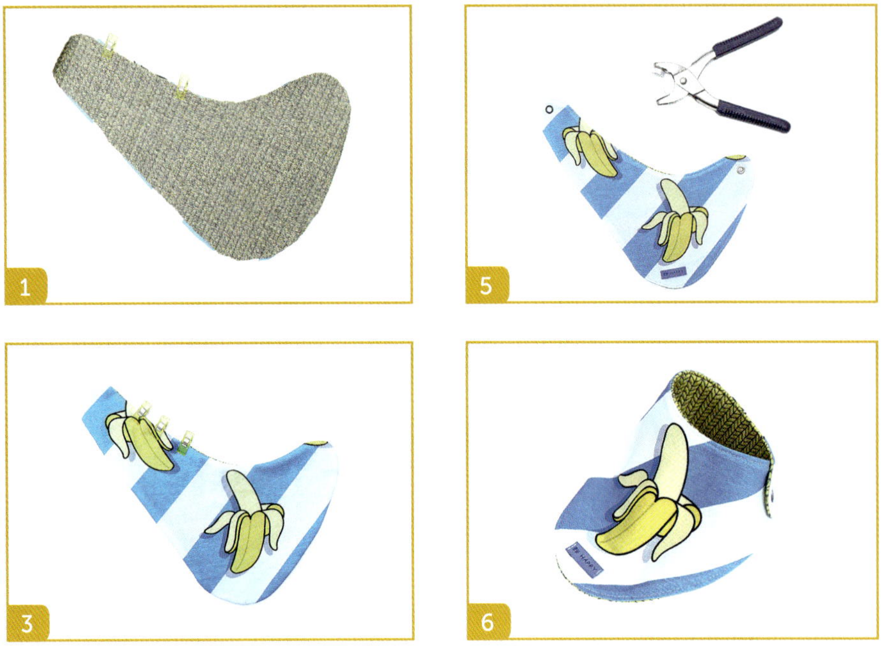

BE HAPPY

MATTIS

Strampler

Größe: 44/50-56/62-68/74-80/86-92 • **Schwierigkeitsgrad:** ✂ • **Schnittteile:** Bogen A, Strampler Mattis

Ein Muss für jedes Baby ist ein cooler Strampler. Damit ist es in jeder Jahreszeit zuhause richtig gekleidet, weil nichts herausrutscht.

Material

- Baumwolljacquard, 140 cm breit,50/55/60/65/70 cm
- Bündchenstoff, 15 cm im Schlauch
- Jerseydruckknöpfe, 2 Stück

Zuschneiden

Baumwolljacquard

- 1x Rückteil im Bruch
- 1x Vorderteil im Bruch
- 1x Beleg hinten im Bruch
- 1x Beleg vorne im Bruch
- 1x Zwickel im Bruch

Bündchenstoff

- 2x Beinbündchen (*Bündchen*)

Schnittteile

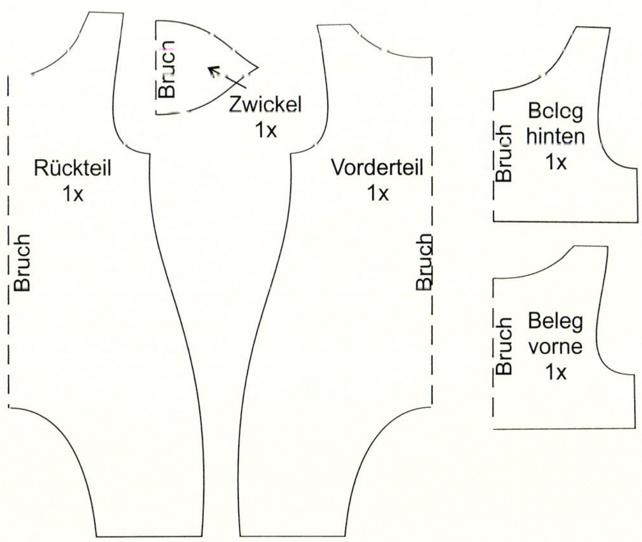

So wird's gemacht

1 Nähe den Zwickel mittig rechts auf rechts an das Rückteil.

2 Lege danach das Vorderteil rechts auf rechts darüber und schließe die Innenbeinnaht. Nähe die Seiten des Stramplers ebenfalls rechts auf rechts zusammen.

3 So sieht der festgenähte Zwickel von innen aus.

4 Lege den vorderen Beleg rechts auf rechts auf den hinteren Beleg. Fixiere und nähe die Seitenkanten. Versäubere die Unterkanten des Belegteils.

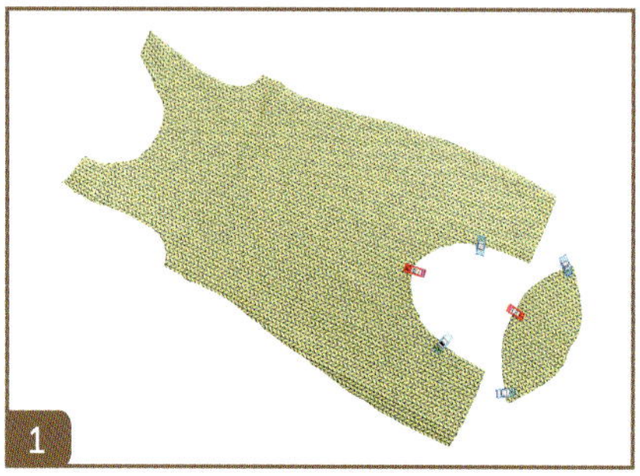

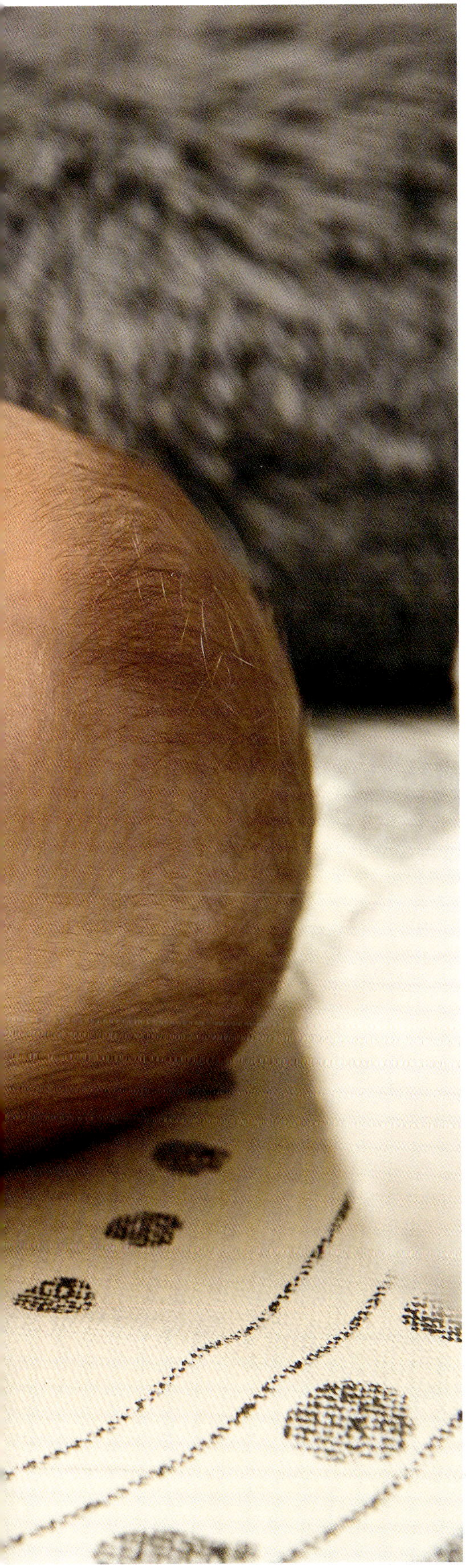

5 Lege den Beleg rechts auf rechts in den Strampler, so dass die Schulterkanten von Vorder- und Rückteil jeweils deckungsgleich aufeinandertreffen – im Foto sind diese Kanten mit gleichfarbigen Klammern markiert.

6 Nähe alle Ausschnitt- und Schulterkanten, wende die Belege links auf links. Bügle die Kanten im Nahtbruch flach und steppe sie anschließend von rechts knappkantig ab (*Absteppen*).

7 Steppe den Beleg an den beiden Seitennähten mit wenigen Stichen (genau in den Nähten) fest, so rutscht er nicht mehr heraus.

8 Bringe die Druckknöpfe nach Herstellerangaben an den Schultern an.

Fertig ist dein Strampler Mattis!

DANIEL

Beinsack für Auto-Babyschale

Größe: 1-4 • **Schwierigkeitsgrad:** • **Schnittteile:** Bogen B, Beinsack Daniel

Daniel eignet sich wunderbar zum Überziehen beim Autofahren, so dass Beine und Füße warm bleiben. Achte darauf, nicht allzu warme Stoffe zu verwenden, damit das Kind nicht überhitzt. Baumwolljersey, -jacquard oder French Terry eignen sich hier gut.

Material

- Baumwolljersey, 140 cm breit, 35/40/45/50 cm
- Baumwolljacquard, 140 cm breit, 35/40/45/50 cm
- Bündchenstoff, 25 cm im Schlauch

Zuschneiden

Baumwolljersey

- 1x Vorderteil im Bruch
- 1x Rückteil im Bruch

Baumwolljacquard

- 1x Vorderteil im Bruch
- 1x Rückteil im Bruch

Bündchenstoff

- 1x Bauchbündchen (*Bündchen*)

Schnittteil

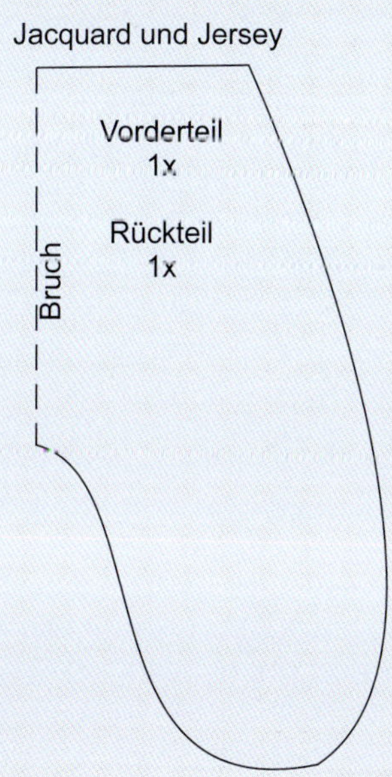

So wird's gemacht

1 Lege die Außenteile (= Baumwolljersey) rechts auf rechts und schließe die kompletten Rundungen (rote Klammern).

2 Dasselbe machst du mit den Innenteilen (= Baumwolljacquard), lasse hier jedoch eine *Wendeöffnung*.

3 Bereite das *Bündchen* vor. Wende das Außenteil auf rechts und stecke das Bündchen von rechts an den oberen Rand – die Bündchennaht trifft auf eine Seitennaht. Stülpe dann das Innenteil rechts auf rechts über das Außenteil und stecke den oberen Rand deckungsgleich mit Außenteil und Bündchen fest. Das Bündchen liegt nun rechts auf rechts zwischen den beiden Säcken, alle vier offenen Kanten liegen übereinander. Nähe die Lagen zusammen, dehne das Bündchen dabei auf die benötigte Länge.

4 Wende den Sack durch die Wendeöffnung der Innenseite.

5 Schließe die *Wendeöffnung* von Hand.

6 Stülpe das Innenteil in das Außenteil.

Fertig ist dein Beinsack Daniel!

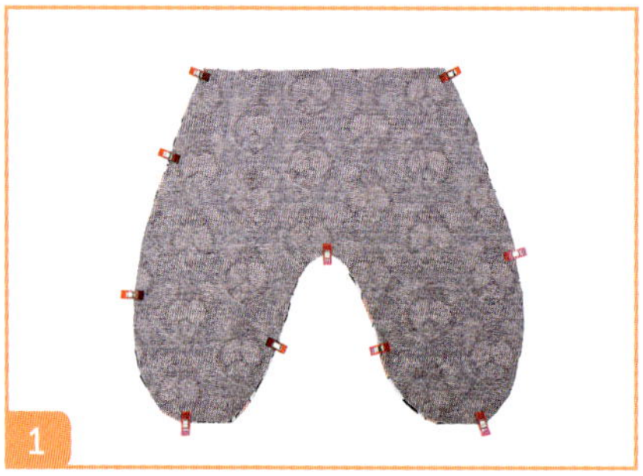

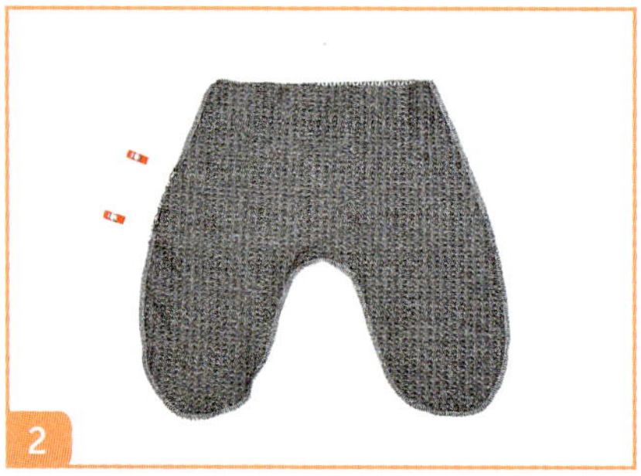

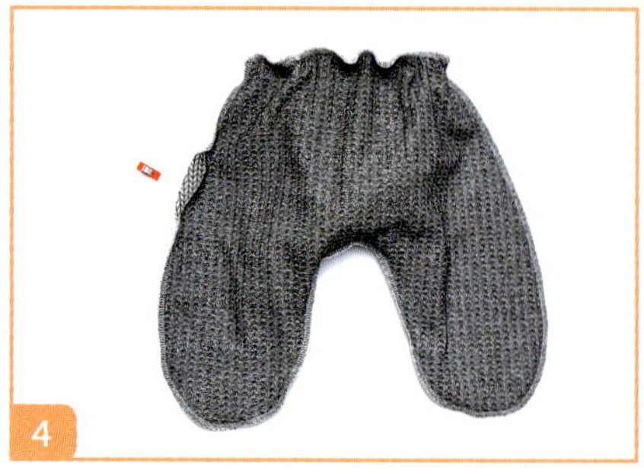

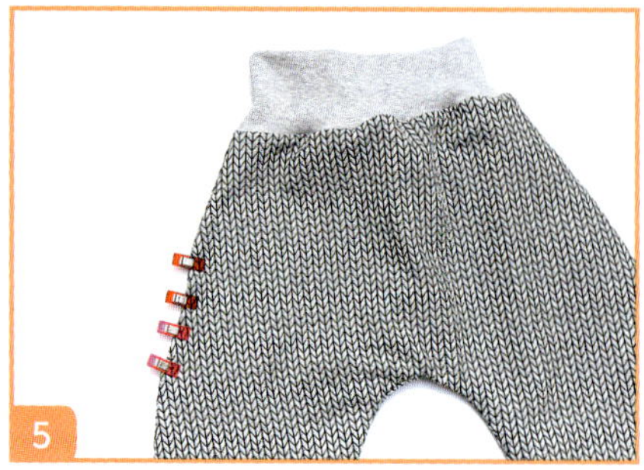

NELE

Kleid

Größe: 44/50-56/62-68/74-80/86-92 • **Schwierigkeitsgrad:** • **Schnittteile:** Bogen B, Kleid Nele

Nele ist ein süßes Kleid, das bequem ist und dabei noch schick aussieht. Für das Oberteil empfiehlt sich Baumwolljersey, das Rockteil kann auch aus einem nicht dehnbaren Stoff, wie Musselin oder Baumwollwebware genäht werden.

Material

- Baumwolljersey, 140 cm breit, 30/35/40/45/50 cm
- Bündchenstoff, 10 cm im Schlauch
- dünnes Gummiband, z. B. Framilon von Freudenberg
- Baumwollspitze für den Saum

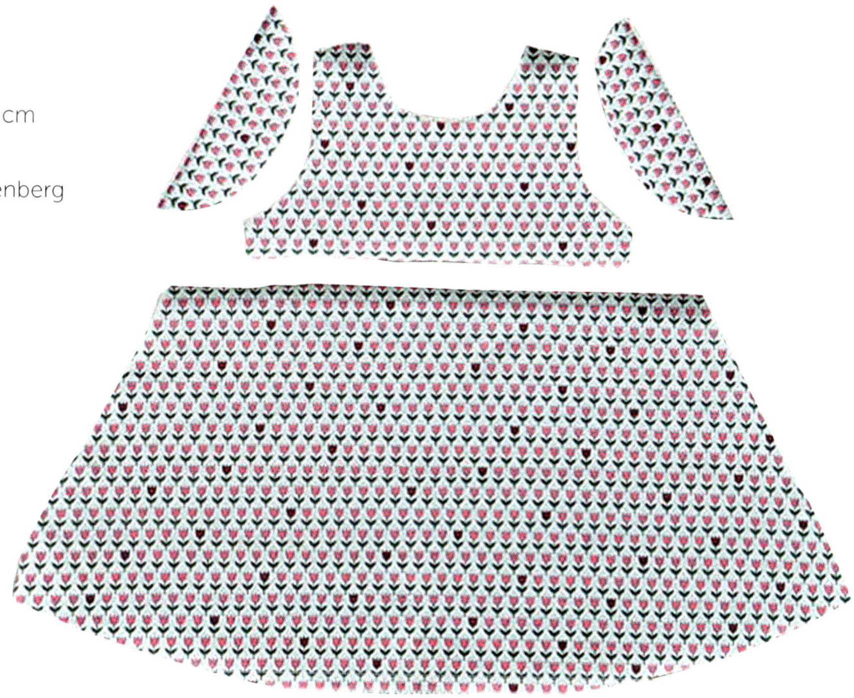

Zuschneiden

Baumwolljersey

- 2x Rockteil im Bruch
- 2x Oberteil im Bruch
- 2x Ärmel im Bruch

Bündchenstoff

- 2x Armlochbündchen (*Bündchen*)
- 1x Halsbündchen (*Bündchen*)

Schnittteile

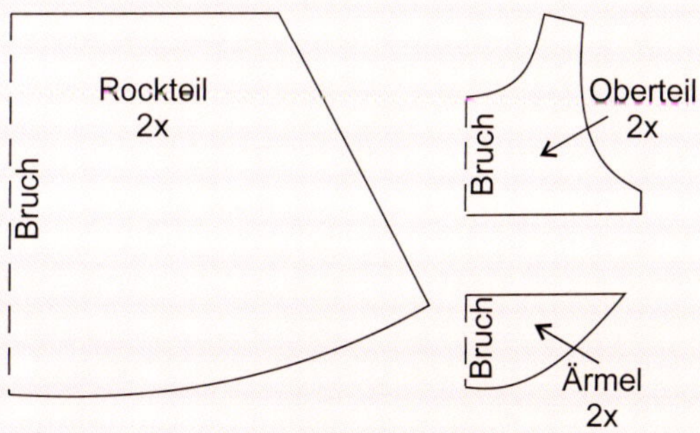

So wird's gemacht

1 Lege die beiden Oberteile rechts auf rechts und schließe die Schulternähte.

2 Markiere dir an einem Ärmel an der Armkugel die Mitte …

3 … diese trifft nun rechts auf rechts auf die Schulternaht.

4 Stecke, von dort ausgehend, den Ärmel nach links und nach rechts fest.

5 Nähe den Ärmel am Armausschnitt fest.

6 Nähe den zweiten Ärmel genauso ein.

7 Lege die Oberteile rechts auf rechts und schließe zunächst nur EINE Seitennaht.

8 Lege die Unterteile rechts auf rechts und schließe zunächst nur EINE Seitennaht.

9 Messe die Weite der Unterkante des Oberteils. Auf dieses Maß musst du die Oberkante des Rockteils raffen.

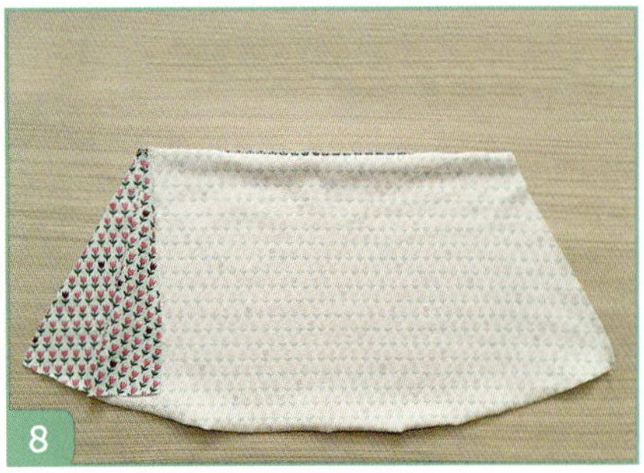

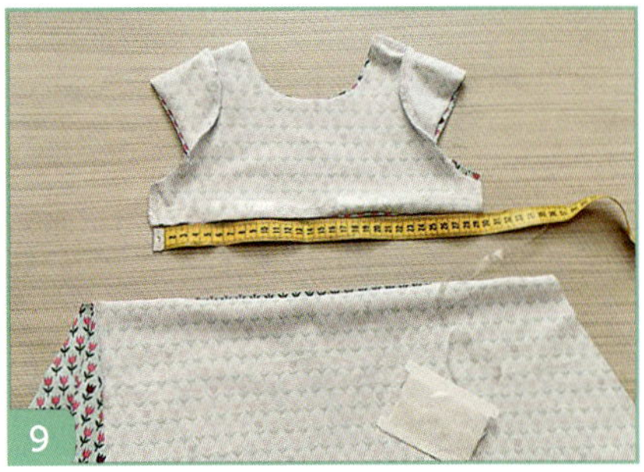

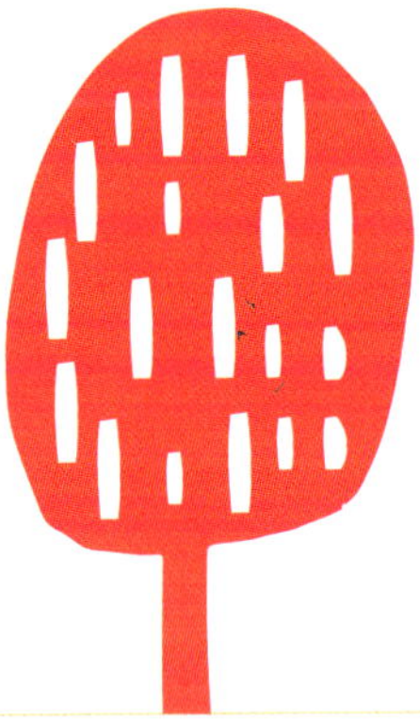

10 Ein dünnes Gummiband ist hier empfehlenswert. Schneide dieses in der gemessenen Länge zu und nähe es unter gleichmäßigem Zug auf der rechten Stoffseite auf die Nahtzugabe der Oberkante des Rockteils.

11 Nähe das Rockteil rechts auf rechts an das Oberteil – die Seitennähte treffen aufeinander.

12 Nähe am Saum das *Spitzenband* an.

13 Schließe die zweite Seitennaht rechts auf rechts.

14 Nähe die *Bündchen* an den Halsausschnitt und die Armausschnitte.

15 Verziere das Kleid mit der Satinschleife.

Fertig ist dein Kleid Nele!

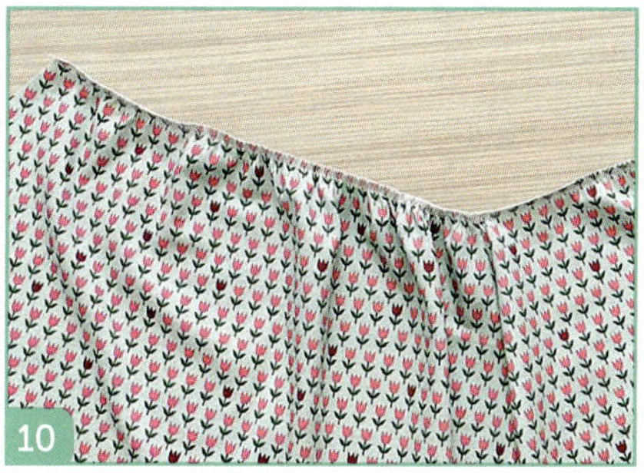
10

14

11

15

13

MARTHA

Kapuzentuch

Größe: 107 x 78 cm • **Schwierigkeitsgrad:** ✂ • **Schnittteile:** Bogen C, Kapuzentuch Martha

Für kleine Wasserliebhaber darf Martha nicht fehlen. Ob zuhause nach dem Baden oder im Schwimmbad – das Kapuzentuch ist der perfekte Begleiter, damit die Kleinen es schön warm haben.

Material

- Baumwolljacquard, 140 cm breit, 100 cm
- Frottee, 140 cm breit, 100 cm
- optional eine fertige Applikation, Aufnäher oder Stickmotiv (hier z. B. ein Stickmotiv von LakiikiDesigns)

Zuschneiden

Baumwolljacquard

- 1x Tuch im Bruch
- 1x Kapuze im Bruch

Frottee

- 1x Tuch im Bruch
- 1x Kapuze im Bruch

Schnittteile

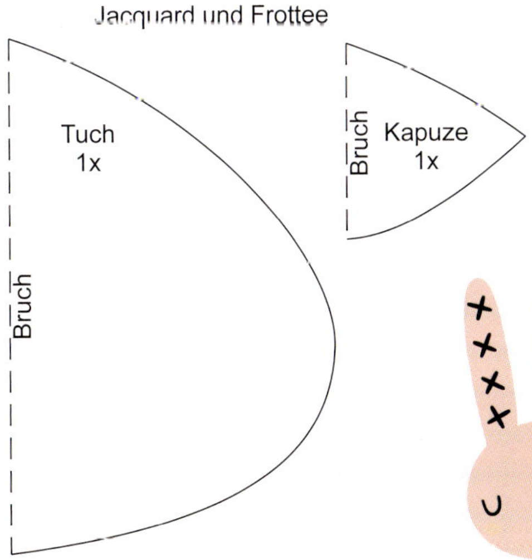

So wird's gemacht

1 Verziere die Außenkapuze (= Baumwolljacquard) nach Wunsch.

2 Lege die Kapuzenteile rechts auf rechts …

3 … und schließe die Kanten entlang der unteren Rundung.

4 Wende die Kapuze auf rechts, bügle die Kante flach …

5 … und steppe die verstürzte Kante knappkantig ab.

6 Lege die Kapuze in der oberen Mitte auf das Innentuch – Frottee auf Frottee – dann das Außentuch rechts auf rechts obenauf.

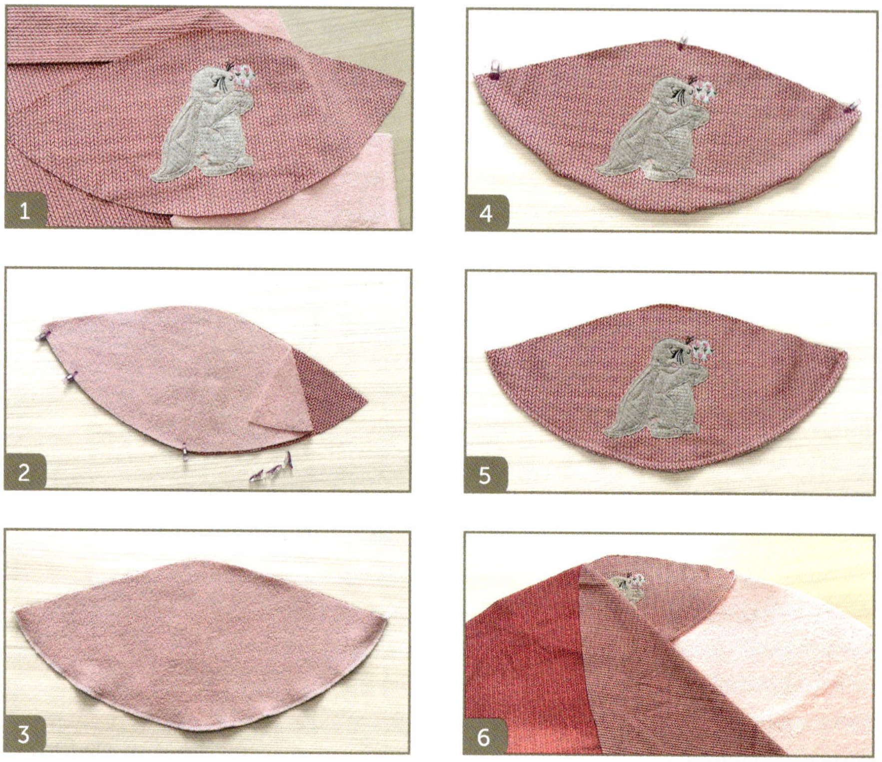

7 Nähe die Lagen einmal komplett rundherum bis auf eine *Wendeöffnung* im unteren Bereich zusammen.

8 Wende das Kapuzentuch durch diese Öffnung …

9 … und steppe den Tuchrand knappkantig ab, dabei schließt du gleichzeitig die Öffnung.

10 Fertig ist dein Kapuzentuch Martha!

7

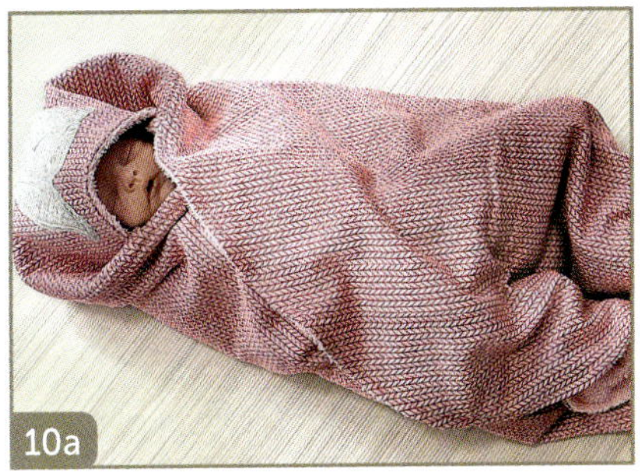
10a

8

10b

9

ILKE

Leggings

Größe: 44/50-56/62-68/74-80/86-92 • **Schwierigkeitsgrad:** ✂ • **Schnittteile:** Bogen B, Leggings Ilke

Für warme, wie für kühlere Tage ist die Leggings Ilke ein wunderschöner Begleiter für kleine Mädchen. Aus einem passenden Kombistoff genäht, wertet sie die Tunika Romy perfekt auf – macht jedoch auch alleine eine gute Figur.

Material

- Baumwolljersey, 140 cm breit, 30/35/40/45/50 cm
- Gummiband, 3 cm breit

Hinweis: Da sich sowohl Gummibänder von ihrer Elastizität, als auch der Bauchumfang der Kinder sehr unterscheiden, gibt es hier keine Längenangabe. Am besten legst du das Gummiband eng, aber nicht gedehnt um den Bauch des Kindes und schneidest diese Länge zu. Da die Nahtzugabe später beim Annähen noch wegfällt, ist dies ein gutes Maß. Wenn du kein Kind zum Abmessen hast, messe den oberen Rand der Leggins (vor Schritt 4) und multipliziere diesen Wert mit dem Faktor 0,8 um die Gummibandlänge zu ermitteln.

Zuschneiden

Baumwolljersey

- 2x Hosenbein (1x *gegengleich*) (6 cm Zugabe am oberen Rand für den Gummibandsaum, 3 cm Saumzugabe am unteren Hosenbeinrand)

Schnittteil

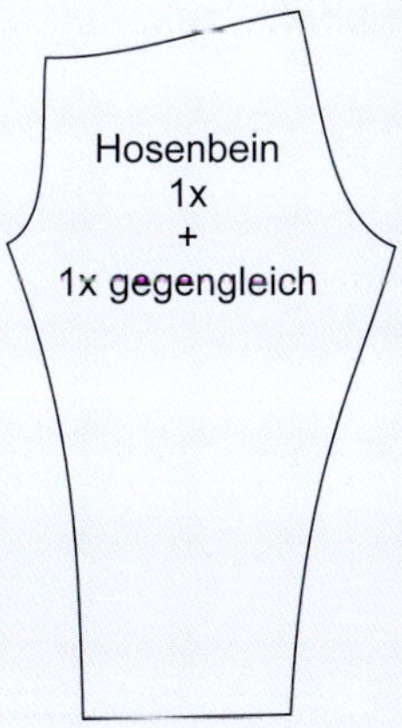

So wird's gemacht

1 Lege die Hosenbeine rechts auf rechts und schließe die vordere sowie die hintere Schrittnaht.

2 Versäubere an beiden Hosenbeinen den unteren Rand, schlage ihn 3 cm breit – wahlweise nach außen oder innen - um und steppe die Schnittkante mit einem elastischen Stich knappkantig fest.

3 Ich habe mich für einen Außenaufschlag entschieden.

4 Schließe das Gummiband zum Ring. Lege das Gummiband auf der linken Stoffseite kantenbündig an den oberen Hosenrand – Naht trifft auf die hintere Schrittnaht – und stecke es rundum gleichmäßig verteilt fest.

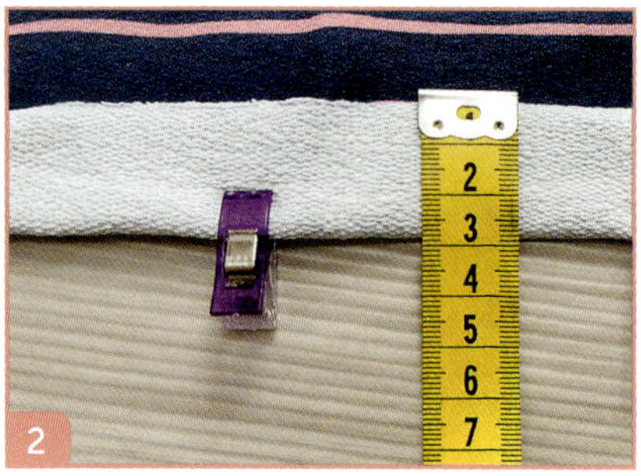

5 Nähe das Gummiband unter gleichmäßigem Zug an.

6 Schlage danach den Stoff mit dem Gummiband um dessen Breite auf die Hoseninnenseite um und steppe den unteren Rand des Umschlags mit einem elastischen Stich knappkantig fest.

7 Schließe dann die Innenbeinnähte rechts auf rechts.

8 Verwahre die *Fadenraupe* möglichst unsichtbar.

9 Fertig ist deine trendige Leggings Ilke!

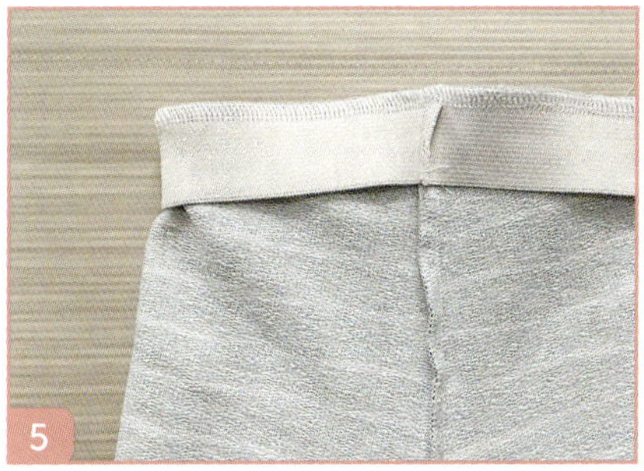
5

8

6

9

7

ROMY

Tunika mit langem Arm

Größe: 44/50-56/62-68/74-80/86-92 • **Schwierigkeitsgrad:** • **Schnittteile:** Bogen A, Tunika Romy

Die Tunika Romy ist für Mädchen ein ganz besonderes Kleidungsstück. Sie passt super über die Leggings Ilke und wirkt, dank des Spitzenbandes, richtig schick für kleine Prinzessinnen.

Material

- Baumwolljersey, 140 cm breit, 30/35/40/45/50 cm
- Bündchen: 10 cm im Schlauch
- Baumwollspitze nach Wunsch

Zuschneiden

Baumwolljersey

- 1x Rückteil im Bruch
- 1x Vorderteil im Bruch
- 2x Ärmel im Bruch

Bündchenstoff

- 1x Halsbündchen (*Bündchen*)
- 2x Ärmelbündchen (*Bündchen*)

Schnittteile

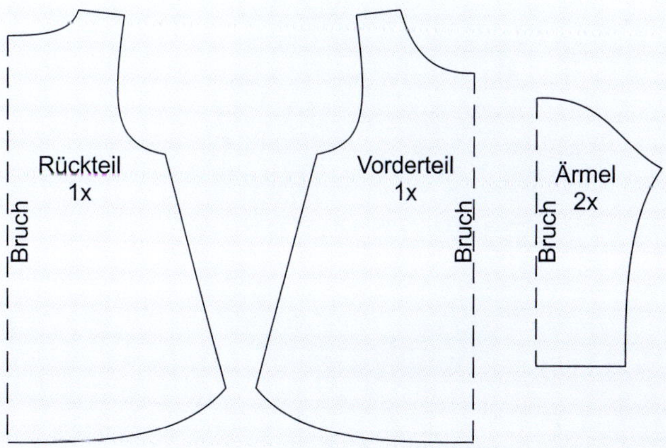

So wird's gemacht

1 Lege das Vorderteil rechts auf rechts auf das Rückteil und schließe die Schulternähte.

2 Klappe die Tunika auseinander. Markiere bei einem Ärmel an der Armkugel die Mitte. Lege den Ärmel rechts auf rechts an den Armausschnitt, dabei trifft die markierte Mitte auf die Schulternaht.

3 Stecke die Armkugel an den Armausschnitt und nähe den Ärmel fest.

4 Nähe den zweiten Ärmel genauso ein.

5 Lege das Vorderteil wieder rechts auf rechts auf das Rückteil; die Ärmel rechts auf rechts längs zur Hälfte. Schließe zunächst nur EINE Arm- und Seitennaht.

6 Nähe das *Spitzenband* an den unteren Rand. Schließe dann die zweite Arm- und Seitennaht.

7 Nähe nun das Hals- und die Armbündchen an (*Bündchen*).

8 Wenn du möchtest, kannst du die Naht des Halsbündchens knappkantig *absteppen*.

Fertig ist deine Tunika Romy!

NOAH

Anzug mit Kapuze

Größe: 44/50-56/62-68/74-80/86-92 • **Schwierigkeitsgrad:** ✂✂✂ • **Schnittteile:** Bogen C, Wagenanzug Noah

Für unterwegs ist Noah unverzichtbar für die kleinen Mäuse. Ob im Wagen, in der Trage oder auch im Auto – sie sind damit gut verpackt. Ja nach Stoffwahl kann er das ganze Jahr genutzt werden.

Material

- Baumwolljacquard, 140 cm breit, 50/55/60/70/80 cm
- Baumwolljersey, 140 cm breit, 50/55/60/70/80 cm
- Bündchenstoff, 20 cm im Schlauch
- dünnes Bügelvlies, 90 cm breit, 10 cm
- Plastikdruckknöpfe, 4 Stück

7 Wiederhole die Schritte 1-6 für den Innenanzug (= Baumwolljersey).

8 Lege nun den Außenanzug rechts auf rechts auf den Innenanzug und schließe die vorderen Kanten des Anzugs sowie die vordere Kante der Kapuze durchgehend in einem Schritt (von roter zu roter Klammer).

9 Wende den Anzug auf rechts. Stülpe den Innenanzug links auf links in den Außenanzug. Bügle die verstürzten Kanten im Nahtbruch flach und steppe sie von rechts knappkantig ab. Bestimme, welche Knopfleiste später oben liegt und stecke sie fest. (Für Mädchen rechts über links, für Jungen umgekehrt). Stecke die Lagen von Außen- und Innenstoff an den Schritt-/Innenbeinkanten aufeinander, so dass sie nicht mehr verrutschen.

10 Wende den Anzug, so dass der Innenstoff mit seiner rechten Stoffseite außen liegt (der Außenanzug liegt dabei innen rechts auf rechts). Schließe die Schritt-/Innenbeinnaht.

11 Im Bereich der Knopfleiste (grüne Klammer) empfiehlt es sich, die Naht mithilfe der normalen Nähmaschine zu verstärken, da später hier später beim An- und Ausziehen die größte Zugbelastung kommt.

12 Wende den Anzug auf rechts. Nähe die ***Bündchen*** an die doppelt liegenden Beinunterkanten.

13 Bringe die Druckknöpfe an der Knopfleiste nach Herstellerangaben an.

Fertig ist dein Anzug Noah!

8

9

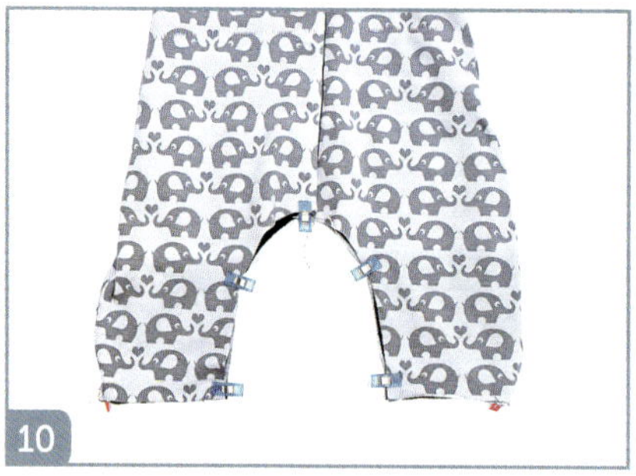
10

11

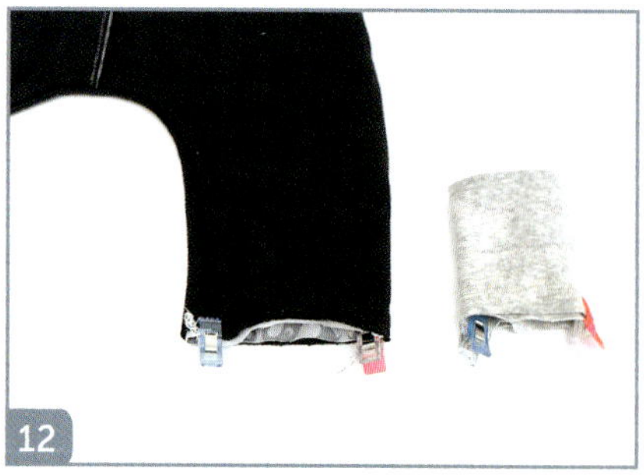
12

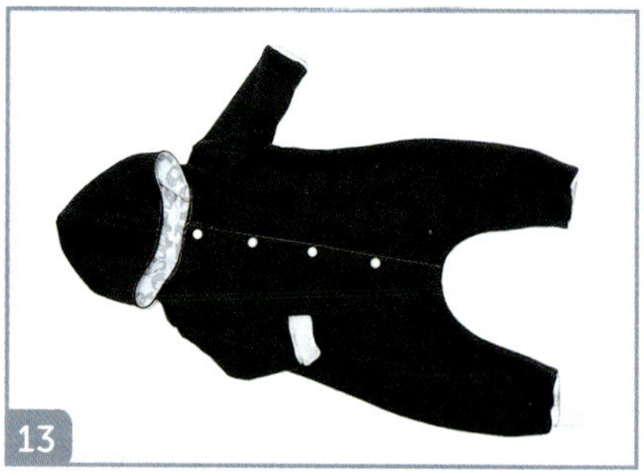
13

MARIE

Mütze

Größe: Kopfumfang 33-37/38-41/42-46/47-51/52-54 cm • **Schwierigkeitsgrad:** ✂ • **Schnittteile:** Bogen A, Mütze Marie

Zu jedem Outfit die passende Mütze? Das geht ganz easy mit Mützchen Marie! Falls du für den Winter einen dickeren Fleecestoff nimmst, empfiehlt es sich, eine Größe größer zu wählen.

Material

- Baumwolljersey, 140 cm breit, 20/25/25/30/30 cm
- Baumwolljacquard, 140 cm breit, 20/25/25/30/30 cm

Zuschneiden

Baumwolljersey

- 2x Mütze (1x *gegengleich*)
- 3x Zipfelstreifen, 15 x 1 cm

Baumwolljacquard

- 2x Mütze (1x *gegengleich*)

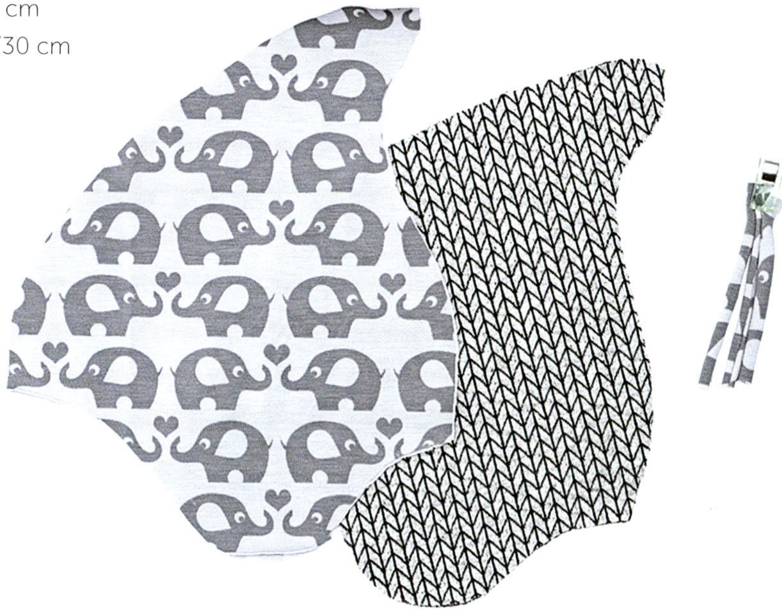

Schnittteile

Jersey und Jacquard

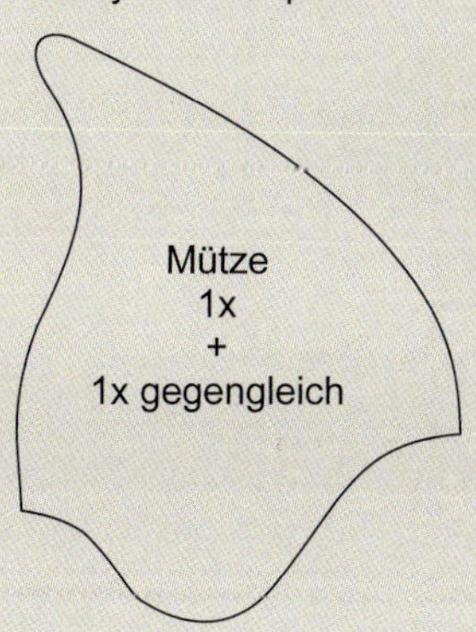

So wird's gemacht

1 Lege ein Innenteil (= Baumwolljersey) rechts auf rechts auf ein Außenteil (= Baumwolljacquard) und nähe die vorderen Kanten (Gesichtsrand) zusammen.

2 Wiederhole dies mit den beiden verbliebenen Teilen.

3 Lege dann die Mützenteile so aufeinander, dass jeweils die Außenmützen, sowie die Innenmützen rechts auf rechts liegen. Ziehe die Zipfelstreifen in die Länge, sodass sich die Schnittkanten einrollen. Verknote an jedem Zipfelstreifen ein Ende und lege sie mit den offenen Enden an der Zipfelspitze des Außenteils zwischen die Lagen. Nähe die Außenkanten rundum zusammen, lass dabei im hinteren Bereich der späteren Innenmütze (blauer Kreis) eine *Wendeöffnung*.

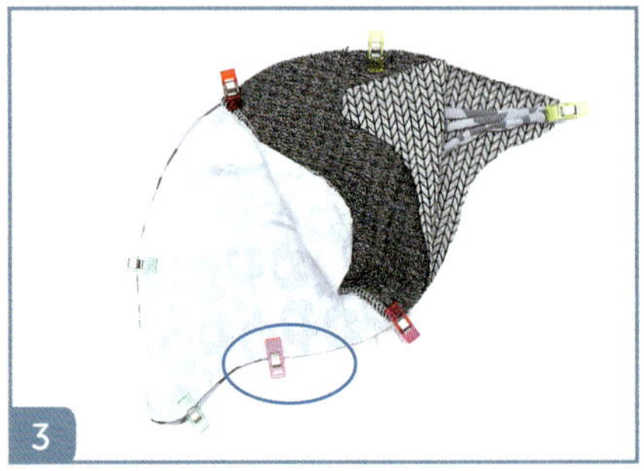

4 Wende die Mütze und schließe die Wendeöffnung.

5 Stülpe die Innenmütze in die Außenmütze. Bügle die vordere Kante im Nahtbruch flach.

6 Steppe die vordere Kante mit einem elastischen Stich knappkantig ab, siehe *Absteppen*. Fertig ist dein Mützchen Marie!

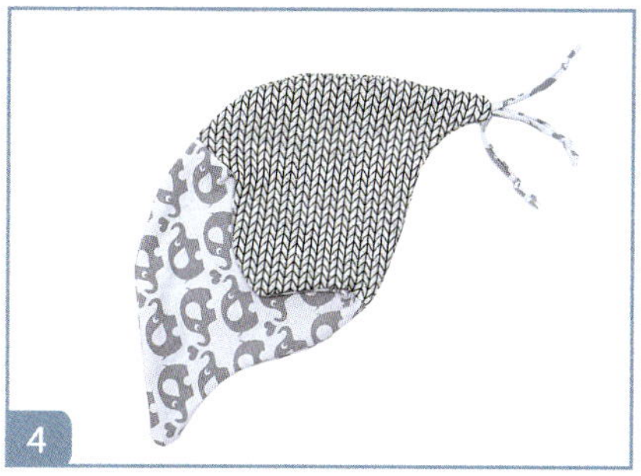

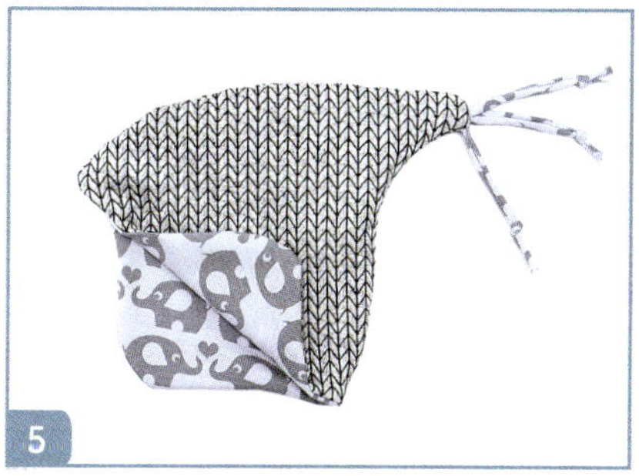

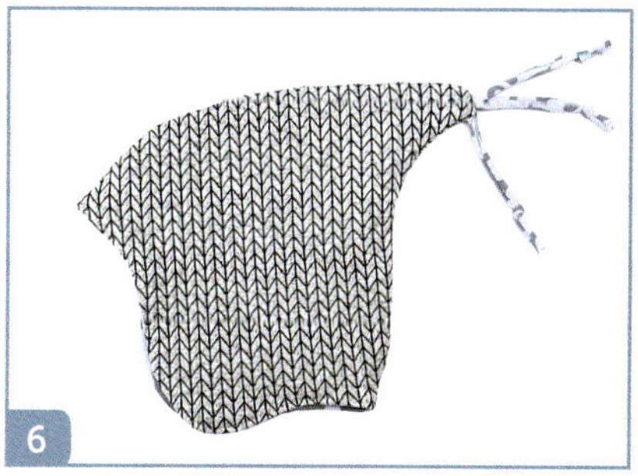

ANOUK

Regen- und Matschanzug

Größe: 44/50-56/62-68/74-80/86-92 • **Schwierigkeitsgrad:** • **Schnittteile:** Bogen D, Wendejacke/Softshelljacke Anouk und Regenhose/Softshellhose Anouk

Das trotzt jedem Wetter! Anouk ist ein zweiteiliger Regen- und Matschanzug aus Softshell. Natürlich kannst du die Wendejacke und die Hose auch separat nähen und kombinieren.

Material

- Softshell mit Fleece-Abseite, 140 cm breit, 70/70/80/90/120 cm
- Baumwolljacquard, 140 cm breit,70/70/80/90/120 cm
- Bündchenstoff, 10 cm im Schlauch
- Webband für den Aufhänger, 1 cm breit, 8 cm
- Gummiband für den Hosenbund, 2-3 cm breit
- Gummiband für die Beinabschlüsse, 0,5-1 cm breit

Hinweis: Da sich sowohl Gummibänder von ihrer Elastizität, als auch der Bauchumfang der Kinder sehr unterscheiden, gibt es hier keine Längenangabe. Am besten legst du das Gummiband eng, aber nicht gedehnt um den Bauch des Kindes und schneidest diese Länge zu. Da die Nahtzugabe später beim Annähen noch wegfällt, ist dies ein gutes Maß. Wenn du kein Kind zum Abmessen hast, messe den oberen Rand der Hose bzw. den unteren Rand der Beine und multipliziere diesen Wert mit dem Faktor 0,7 um die Gummibandlänge zu ermitteln.

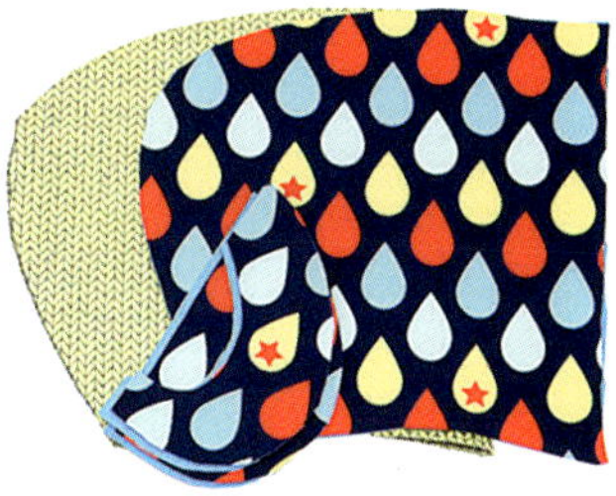

Zuschneiden

Softshell

- 1x Rückteil im Bruch
- 2x Vorderteil (1x *gegengleich*) plus *Knopfleiste*
- 2x Kapuze (1x *gegengleich*) plus *Knopfleiste*
- 4x Tasche (2x *gegengleich*)
- 2x Hosenbein (1x *gegengleich*)
- 2x Ärmel im Bruch

Baumwolljacquard

- 1x Rückteil im Bruch
- 2x Vorderteil (1x *gegengleich*) plus *Knopfleiste*
- 2x Kapuze (1x *gegengleich*) plus *Knopfleiste*
- 2x Ärmel im Bruch

Bündchenstoff

- 1x Bauchbündchen (*Bündchen*)

Schnittteile

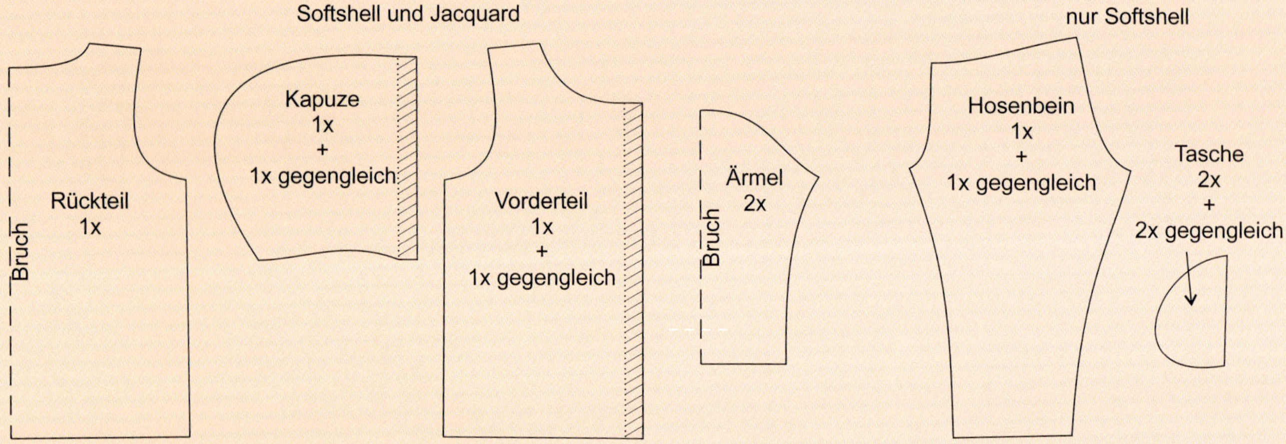

So wird's gemacht

1 Jacke: Schneide an einem Taschenteil den Eingriff aus. Lege das Taschenteil laut Schnittmarkierung rechts auf rechts auf das entsprechende Vorderteil.

2 Schneide den Tascheneingriff am Vorderteil aus und nähe die Tascheneingriffkanten rechts auf rechts (rote Klammern) zusammen. Wende das Taschenteil auf die linke Seite des Vorderteils und steppe die Eingriffkante von rechts knappkantig ab (*Absteppen*).

3 Lege dann für den Taschenbeutel ein weiteres Taschenteil von hinten rechts auf rechts darauf und fixiere die Taschenteile entlang der Rundung.

4 Steppe entlang der Rundung die drei Lagen zusammen – auf der Vorderseite ist diese Naht als Steppnaht sichtbar.

1

5 Nähe die Tasche am anderen Vorderteil genauso.

6 Lege die Vorderteile rechts auf rechts auf das Rückteil und schließe die Schulternähte.

7 Lege die Kapuzen rechts auf rechts und schließe die Naht der hinteren Mitte.

2

8 Stecke die Kapuze rechts auf rechts an den Halsausschnitt und nähe sie fest.

9 Nähe die Ärmel rechts auf rechts an die Armausschnitte und schließe danach rechts auf rechts die Arm- und Seitennähte jeweils durchgehend.

10 Wiederhole die Schritte 6-9 für die Innenjacke. Fasse dabei in der hinteren Mitte des Hals-ausschnittes das Webband als Aufhänger mit.

11 Lege Innen- und Außenjacke rechts auf rechts und nähe einmal komplett entlang der Außenkante bis auf eine kleine *Wendeöffnung* am unteren Rand des Rückteils.

12 Lege dann die Jacke so vor dich hin, dass auf einer Seite die Außen- und auf der anderen Seite die Innenjacke liegen. Nehme die beiden obenliegenden Ärmel ...

13 ... und stecke sie, ohne sie zu verdrehen rechts auf rechts ineinander. Das gelingt am besten, indem du den unteren Rand der Innenjacke einen ein paar Zentimeter umschlägst.

14 Nähe die Ärmelkanten rundherum fest.

15 Wiederhole dies mit den anderen beiden Ärmeln.

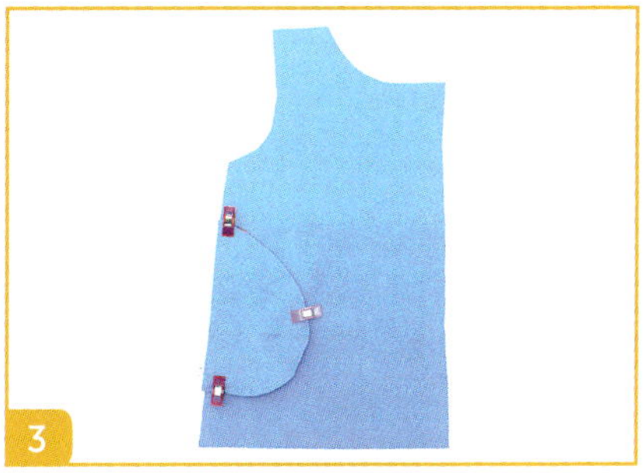
3

10

4

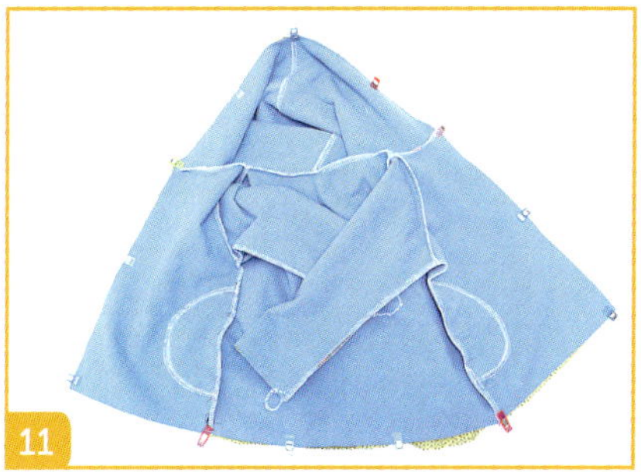
11

6

12

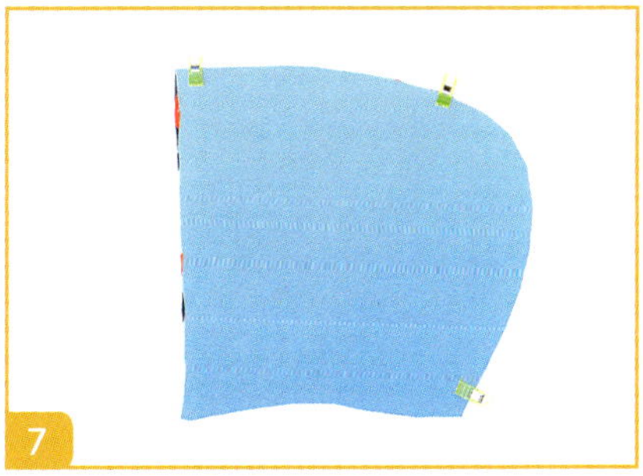
7

13

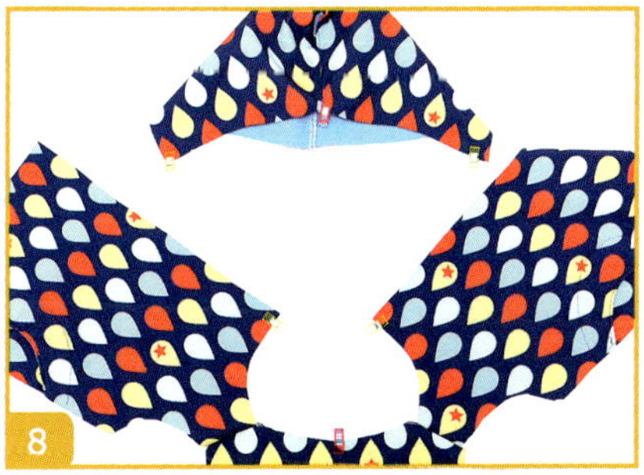
8

14

16 Wende die Jacke durch die Wendeöffnung und stülpe die Innenjacke links auf links in die Außenjacke. Steppe die Außenkanten rundherum knappkantig ab, dabei schließt du gleichzeitig die Öffnung.

Bringe die Druckknöpfe nach Herstellerangaben an.

17 Hose: Lege die beiden Hosenbeine rechts auf rechts und schließe die vordere sowie die hintere Schrittnaht.

18 Versäubere die Beinabschlüsse. Lege die Hose so, dass die eben geschlossenen Schrittnähte rechts auf rechts aufeinanderliegen. So ergibt sich automatisch die Hosenform. Schließe dann die inneren Beinnähte.

19 Klappe den Beinabschluss in Breite der Saumzugabe um und steppe ihn an der Schnittkante knappkantig fest. Lasse für den Gummibandeinzug eine etwa 2 cm kleine Öffnung.

20 Zieh ein Bein-Gummiband mithilfe einer Sicherheitsnadel in den Saum ein.

21 Achte darauf, dass das Gummiband nicht verdreht wird, lege es zum Ring und vernähe die Enden gut miteinander.

Ziehe das Gummiband danach in die Öffnung zurück und schließe diese.

16

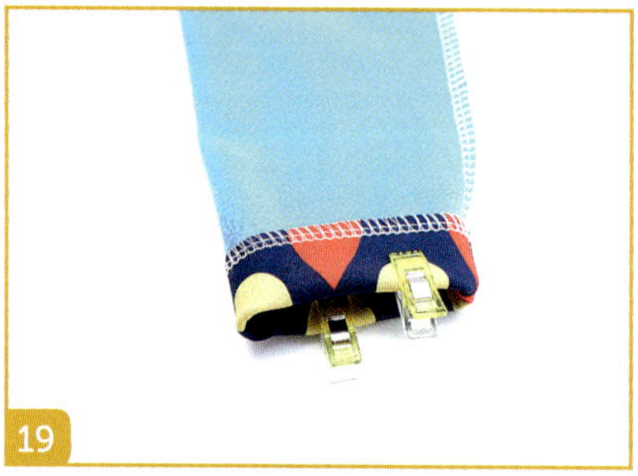
19

22

17

20

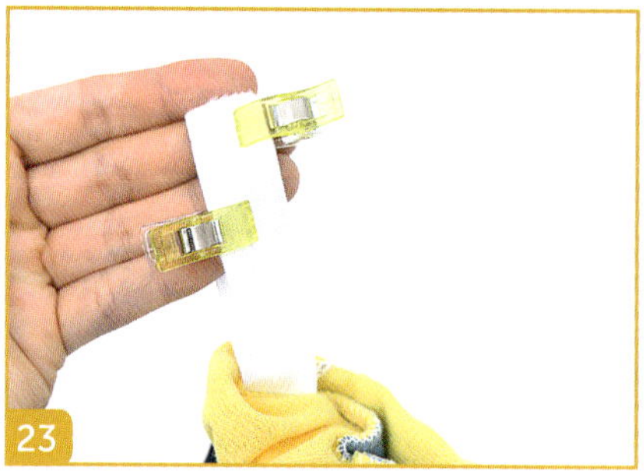
23

18

21

24

22 Nähe das Bauchbündchen an (*Bündchen*), lass dabei ebenfalls eine kleine Öffnung. Zieh das Bund-Gummiband mithilfe einer Sicherheitsnadel ein.

23 Achte auch hier darauf, dass das Gummiband nicht verdreht ist, bevor du die Enden gut vernähst.

24 Ziehe das Gummiband zurück in das Bündchen und schließe die kleine Öffnung. Fertig ist Softshellanzug Anouk!

MILA

Boots

Schuhgröße: 16/18/20/22 • **Schwierigkeitsgrad:** ✂ • **Schnittteile:** Bogen A, Boots Mila

In der kalten Jahreszeit brauchen die Kleinen unbedingt warme Füße. Je nach Stoffwahl sind sie mit den Boots drinnen wie draußen gut gekleidet.

Material

- Softshellstoff, 140 cm breit, 15/20/20/20 cm
- Fleecestoff, 140 cm breit, 15/20/20/20 cm
- weiches Gummiband, 4-6 mm breit, ca. 50 cm

Zuschneiden

Softshellstoff

- 4x Seitenteil (2x *gegengleich*)
- 2x Sohle (1x *gegengleich*)

Fleecestoff

- 4x Seitenteil (2x *gegengleich*)
- 2x Sohle (1x *gegengleich*)

Schnittteile

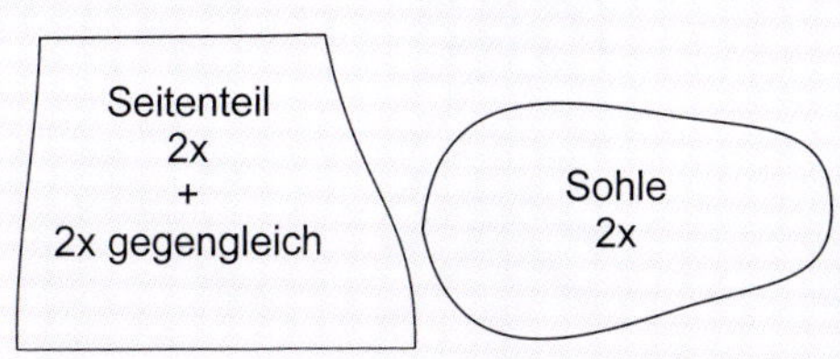

LUKE & LILLITH

Schlafsack

Größe: 44/50-56/62-68/74-80/86-92 • **Schwierigkeitsgrad:** ✂✂ • **Schnittteile:** Bogen D, Schlafsack Luke & Lillith

Je nach Stoffwahl ist dein Kind in diesem Schlafsack das ganze Jahr über gut „verpackt" für die Nacht. Wähle für den Sommer dünnere und für den Winter wärmere Stoffe, egal ob dehnbar oder nicht.

Material

- Baumwolljersey, 140 cm breit, 60/65/70/75/80 cm
- Baumwolljacquard, 140 cm breit, 60/65/70/75/80 cm
- Bündchenstoff, 15 cm im Schlauch
- dünnes Bügelvlies, 90 cm breit, 10 cm
- Jerseydruckknöpfe, 3-4 Stück

Zuschneiden

Baumwolljacquard

- 1x Rückteil im Bruch
- 1x oberes linkes Vorderteil plus *Knopfleiste*

Baumwolljersey

- 1x oberes rechtes Vorderteil plus *Knopfleiste*
- 1x unteres Vorderteil im Bruch

Bündchenstoff

- 2x Armlochbündchen (*Bündchen*)
- 1x Halsbündchen (*Bündchen*)

Bügelvlies

- 2x Streifen 3 cm x Länge der oberen Vorderteil-Knopfleiste

Schnittteile

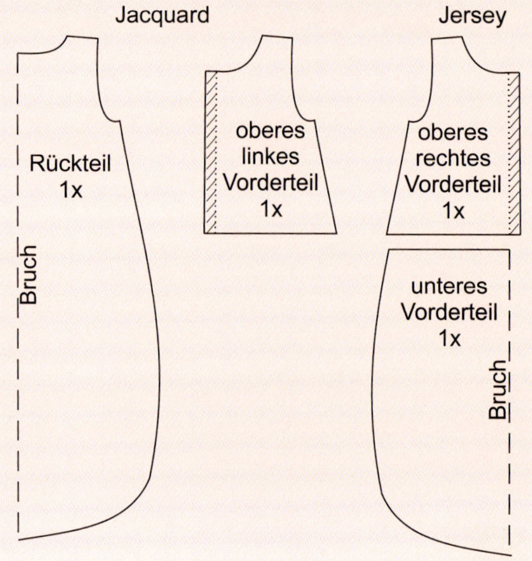

So wird's gemacht

1 Nähe die Knopfleisten an den oberen Vorderteilen sowie das Halsbündchen nach der Anleitung *Knopfleiste*.

2 Die beiden oberen Vorderteile sind nun mit dem Rückteil verbunden und das Halsbündchen ist angenäht. Lege eine Knopfleiste über die andere, so dass sie 1,5 cm überlappt.

3 Lege das untere Vorderteil rechts auf rechts auf das obere Vorderteil und nähe es fest.

4 Steppe diese Naht knappkantig von rechts ab (*Absteppen*).

5 Lege das Rückteil rechts auf rechts auf das Vorderteil und schließe den Sack von Achsel zur Achsel.

6 Nähe die Armlochbündchen an (*Bündchen*).

7 Bringe laut Herstellerangaben gleichmäßig verteilt die Druckknöpfe an der Knopfleiste an.

8 Fertig ist dein Schlafsack Luke & Lillith!

1

3

4

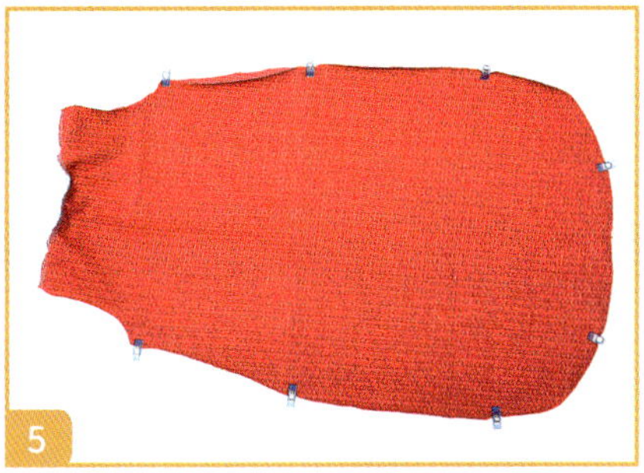
5

7

8

MAJA

Anzug mit Lichtschutz

Größe: 44/50-56/62-68/74-80/86-92 • **Schwierigkeitsgrad:** ✂✂

Schnittteile: Bogen A, Shirt Maja und Bogen C, Hose Maja

Mit Maja können die Kinder auch bei sehr heißen Temperaturen draußen im Wasser planschen. Ein Badestoff mit Lichtschutzfaktor macht es möglich!

Material

- Trikot-/Badestoff mit Lichtschutzfaktor (Stoff 1), 140 cm breit, 50/60/60/70/80 cm
- Trikot-/Badestoff mit Lichtschutzfaktor (Stoff 2), 140 cm breit, 50/60/60/70/80 cm

Zuschneiden

Stoff 1

- 1x Rückteil im Bruch
- 1x Vorderteil im Bruch
- 2x kurzer Ärmel im Bruch
- 1x Halsbündchen
- 1x Bauchbündchen-Shirt
- 2x Ärmelbündchen
- 1x Bauchbündchen-Hose
- 2x Beinbündchen

Hinweis: Alle Bündchenlängen werden wie bei *Bündchen* beschrieben ermittelt, jedoch mit Faktor 0,8 berechnet, da der Stoff nicht ganz so elastisch wie Bündchenstoff ist.

Stoff 2

- 2x Hosenbein (1x *gegengleich*)

Schnittteile

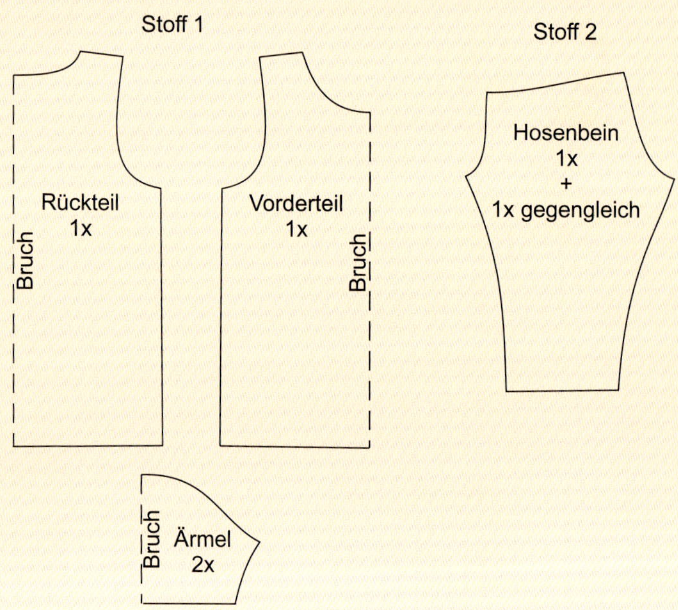

So wird's gemacht

1 Shirt: Lege das Vorderteil rechts auf rechts auf das Rückteil und schließe die Schulternähte. Markiere bei einem Ärmel an der Armkugel die Mitte, diese trifft nun rechts auf rechts auf die Schulternaht. Nähe den Ärmel an den Armausschnitt.

2 Lege das Vorderteil wieder rechts auf rechts auf das Rückteil; den Ärmel rechts auf rechts längs zur Hälfte und schließe die Arm- und Seitennaht des Shirts durchgehend.

3 Nähe den zweiten Ärmel und die zweite Arm- und Seitennaht genauso.

4 Nähe das Hals-, die Ärmel- und das Bauchbündchen an (*Bündchen*).

5 Fertig ist das Shirt des UV-Anzugs!

6 Hose: Lege die beiden Hosenbeine rechts auf rechts und schließe die vordere sowie die hintere Schrittnaht.

7 Lege die Hose so, dass die eben geschlossenen Schrittnähte rechts auf rechts aufeinanderliegen. So ergibt sich automatisch die Hosenform. Schließe dann die inneren Beinnähte.

8 Nähe Bein- und Bauchbündchen an (*Bündchen*). Tipp: Für ein sehr dünnes Kind kannst du in das Bauchbündchen zusätzlich ein Gummiband einziehen. Wie das geht, wird bei der Hose auf Seite 90 erklärt.

9 Fertig ist die Hose des UV-Anzugs!

10 Fertig ist dein UV-Anzug Maja!

1

2

4

5

6

7

8

9

10

STELLA

Wickeltasche

Größe: S = 28 x 15 cm/XL = 41 x 23 cm • **Schwierigkeitsgrad:** • **Schnittteile:** Bogen D, Wickeltasche Stella

Was in keiner selbstgenähten Erstausstattung fehlen darf? Die Wickeltasche! Sie ist einer der wichtigsten Gegenstände, die eine Mama immer mitnimmt, wenn sie mit den Kleinen das Haus verlässt.

Material

- wattierter Steppstoff, 140 cm breit, 50/50 cm
- Baumwollstoff, 140 cm breit, 50/50 cm
- Zierbändchen nach Wunsch
- Druckknopf

Zuschneiden

Steppstoff

- 2x Taschenteil im Bruch
- 1x Klappe im Bruch

Baumwollstoff

- 2x Taschenteil im Bruch
- 2x Innenfach im Bruch
- 1x Klappe im Bruch

Schnittteile

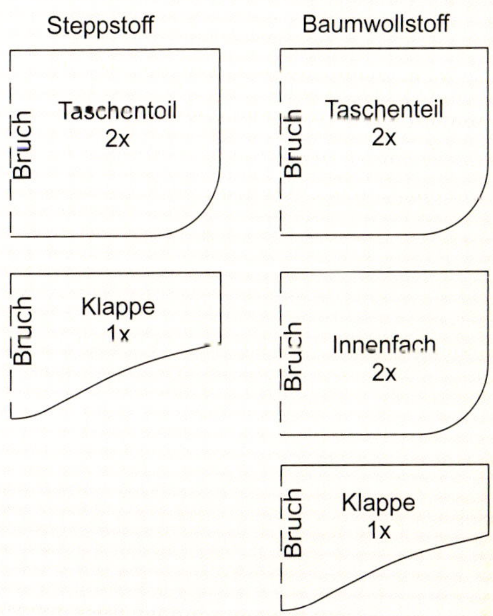

So wird's gemacht

1 Lege die beiden Taschenteile des Außenstoffes (= Steppstoff) rechts auf rechts und schließe die Außenkante bis auf die Oberkante.

2 Lege die beiden Innenfachteile rechts auf rechts und schließe nur die Oberkante.

3 Wende die Innenfachteile links auf links, bügle die Oberkante im Nahtbruch flach und steppe die Kante anschließend knappkantig von rechts ab (*Absteppen*).

4 Lege das Innenfach auf ein Baumwollstoff-Taschenteil – die unteren Kanten und die seitlichen Kanten liegen deckungsgleich – und hefte es innerhalb der Nahtzugabe an. Steppe auf dem Innenfach für eine Taschenunterteilung senkrecht im Abstand von ca. 10 cm zur linken Kante durch.

5 Lege das zweite Baumwoll-Taschenteil rechts auf rechts obenauf. Nähe die Außenkanten – bis auf die Oberkante – zusammen.

6 Steppe die Zierbänder nach Wunsch auf die äußere Klappe (= Steppstoff).

7 Lege dann die innere Klappe (= Baumwollstoff) rechts auf rechts darauf und schließe die Außenkante bis auf die Oberkante.

8 Wende die Klappe auf rechts und steppe die verstürzten Kanten knappkantig ab (*Absteppen*).

9 Nähe die Taschenteile wie folgt zusammen: Lege zunächst die Außentasche rechts auf rechts in die Innentasche. An einer der langen Seiten legst du die Klappe zwischen die Lagen, sodass die Außen- wie auch die Innenstoffe jeweils zueinander zeigen. Schließe nun die oberen Kanten rundum, lasse dabei an der langen Seite ohne Klappe mittig eine kleine *Wendeöffnung*.

10 Wende die Tasche durch die Öffnung. Stülpe die Innentasche in die Außentasche. Steppe die obere Taschenkante rundum knappkantig ab – Klappe hochlegen –, dabei wird gleichzeitig die Wendeöffnung geschlossen.

11 Bringe den Druckknopf laut Herstellerangaben an Klappe und Taschenvorderseite an.

12 Fertig ist deine Wickeltasche Stella ... mit drei Innenfächern!

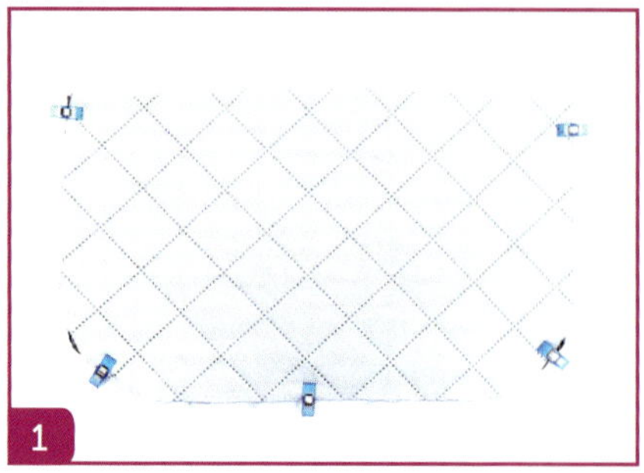

1

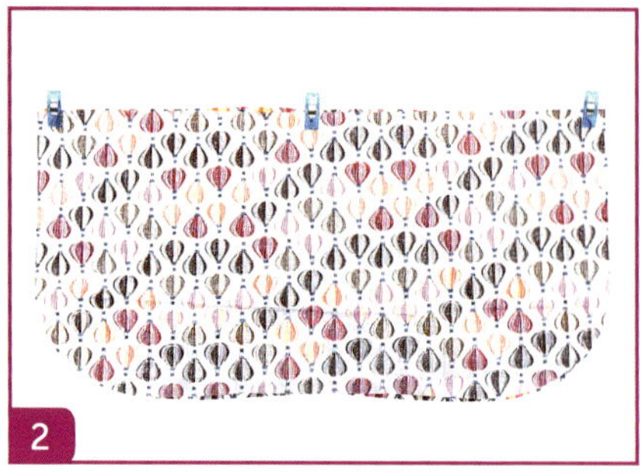

2

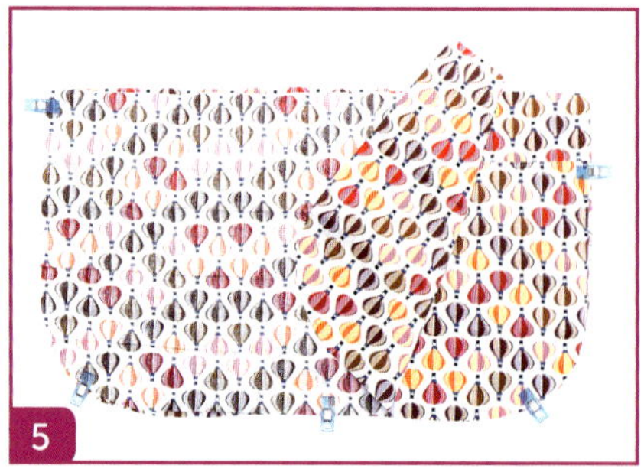

5

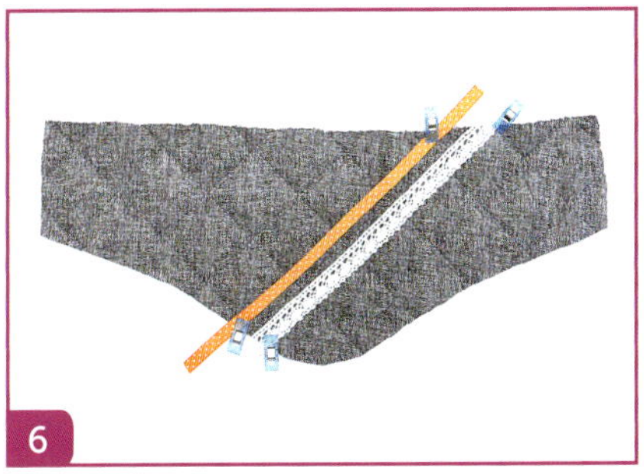
6

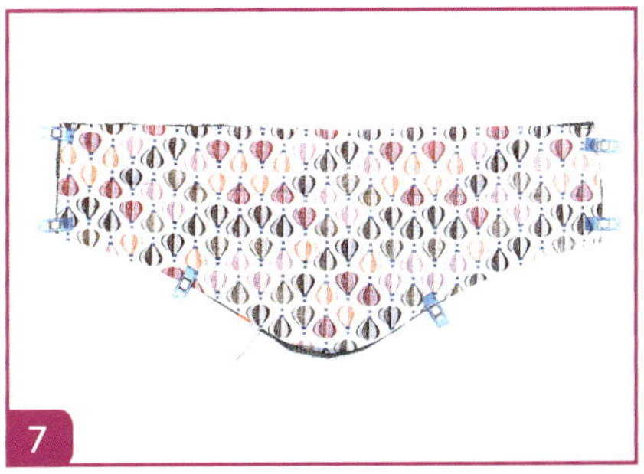
7

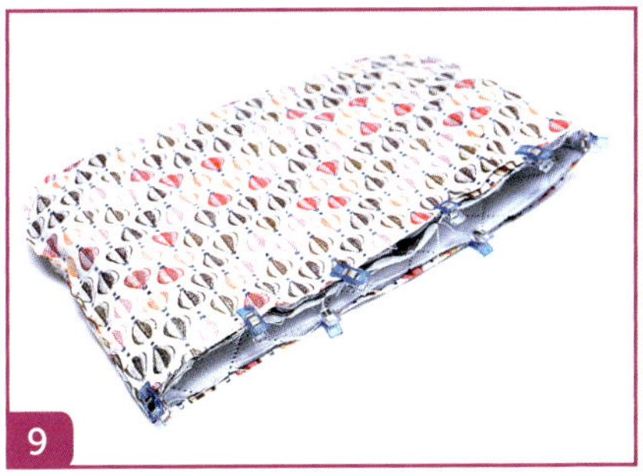
9

10

11

12

So wird's gemacht

1 Fasse zuerst die oberen und unteren Kanten von Vorder- und Rückteil ein. Wichtig: Bei Innenrundungen wird das Bündchen leicht gedehnt, bei Außenrundungen wird der Bodystoff gedehnt und das Bündchen etwas gestaucht, bei geraden Strecken wird glatt angenäht.

Nimm zunächst einen Bündchenstreifen und nähe ihn mit seiner rechten Seite auf der linken Stoffseite an die obere Kante des Rückteils.

2 Wende das Rückteil – rechte Stoffseite liegt oben – klappe die offene Kante des Bündchenstreifens in Richtung Naht bis an die Schnittkante ...

3 ... und falte anschließend den Streifen nochmals soweit um, dass die Bruchkante knapp über der Ansatznaht liegt. Steppe die Bruchkante knappkantig fest (*Absteppen*).

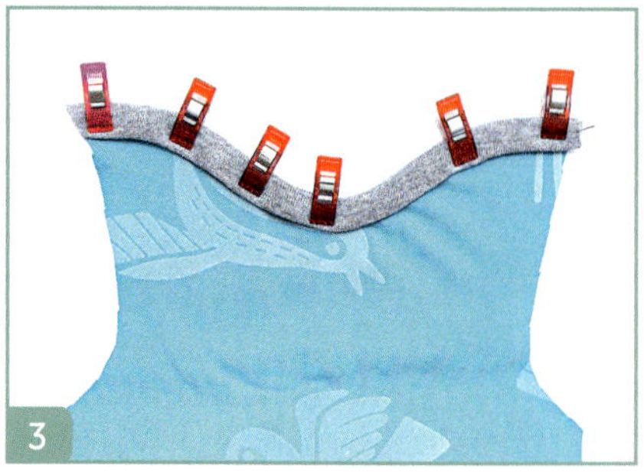

4 Nähe einen zweiten Bündchenstreifen genauso an die untere Kante des Rückteils. So sieht das Rückteil fertig aus.

5 Wiederhole die Schritte 1-4 beim Vorderteil.

6 Wenn du ein Bündchen „normal" annähen möchtest, klappst du den Bündchenstreifen mittig halbiert links auf links und nähst ihn an den Ausschnittkanten rechts auf rechts fest. Steppe anschließend von rechts die Ansatznaht knappkantig ab.

7 Lege die obere Kante des Rückteils entsprechend der Schnittmarkierung links auf rechts auf das Vorderteil – die Teile überlappen einander – und fixiere am Armausschnitt die doppelt liegenden Schnittkanten aufeinander.

8 Markiere an einem Ärmel an der Armkugel die Mitte. Stecke den Ärmel rechts auf rechts an den Armausschnitt – die Mitte der Armkugel trifft auf die Mitte des Armausschnitts (blaue Klammern) und nähe ihn fest.

9 Lege Vorder- und Rückteil wieder rechts auf rechts, den Ärmel längs rechts auf rechts zur Hälfte. Schließe die Arm- und Seitennaht durchgehend in einem Schritt.

10 Nähe den zweiten Ärmel und die zweite Arm-/Seitennaht genauso. Wende den Body auf rechts.

11 Nähe die Ärmelbündchen an (*Bündchen*).

12 Bringe auf der Einfassblende an der Schritt-Öffnung die Druckknöpfe – je nach Größe zwei oder drei – laut Herstellerangaben an.

Fertig ist dein Body Bela!

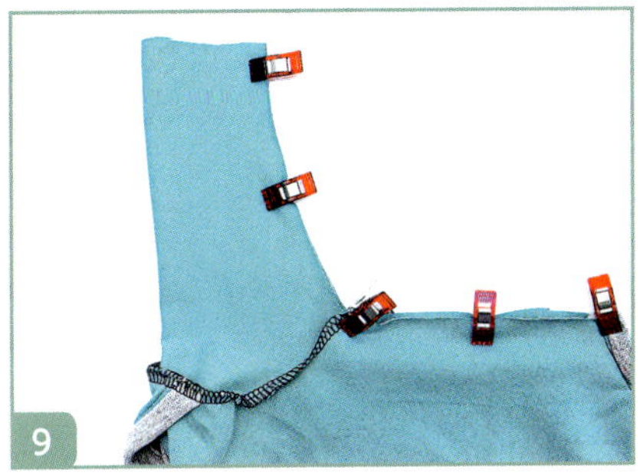

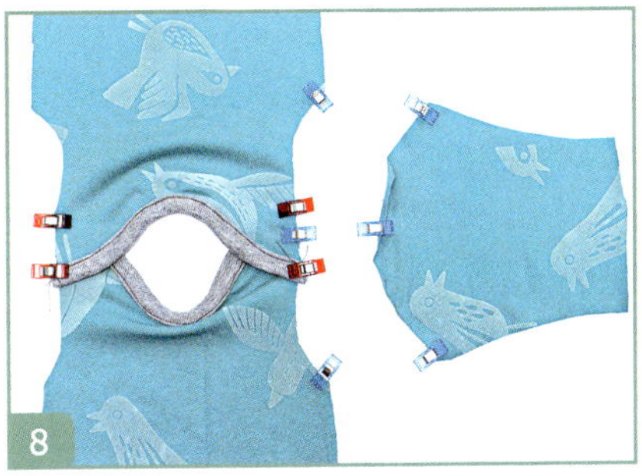

ZUR AUTORIN SONJA

From heart to needle, steht seit Anfang 2015 für ausgefallene, bequeme, bunte und vielseitige Mode und Designs für die ganze Familie.

Hinter **From heart to needle** – mit Idee, Schnitt, Ausführung, Organisation, Webshop, Facebook, Plotts, Logos, Stoffdesign – stehe ich:

Sonja Hahn-Schmück, geboren 1976 in Bochum, ein richtiges Ruhrpottmädel …

Zu mir gehören mein Mann und zwei wundervolle Töchter, die ich über alles liebe: Romy *2007 und Nele *2015.

From heart to needle entstand quasi aus der „Not" heraus: Als sich meine zweite Tochter Nele ankündigte, hatte ich viel Lust und Zeit ihre Erstausstattung selbst zu nähen. Leider besaß ich keinen Drucker, um mir Schnittmuster aus dem Internet auszudrucken und zudem war ich zu bequem, um mir Schnitte aus Schnittmusterheften abzupausen. Also fing ich an selber zu zeichnen, zu messen …

Mein erstes Nähwerk war ein neuer Bezug für den Kinderwagen, gefolgt von vielen, vielen Stramplern, die ich meiner Tochter jedoch nie angezogen habe – denn Pumphose und Bodys waren einfach viel praktischer …!

Als bekennender Autodidakt entwickelte ich in den letzten Jahren nach und nach über 100 Schnittmuster. Zuerst per Hand gezeichnet, ab 2016 dann digitalisiert und am Computer gradiert.

Nähen, Schreiben, Designen, das Entwerfen von Mode, Umsetzen von Ideen, das Verarbeiten toller Stoffe – das ist meine Leidenschaft und es ist mir eine große Freude, dass ich diese im Jahr 2017 zum Hauptberuf machen konnte. Seitdem bin ich freiberufliche Designerin und Schnitterstellerin – (m) ein Traumberuf!

Der einzige Luxus den ich mir leiste, ist die freiberufliche Unterstützung meiner Freundin Sara von Sara&Tom, sie erstellt Fotos und Anleitungen für meine Ebooks, sowie auch für dieses Buch.

Hier unterstützte sie mich nicht nur mit Texten, Anleitungen und Bildern, sondern vor allem mental!

Ein großes Team von freiwilligen Näherinnen (allen voran seit 2015 mein Stammteam #Nähmafia), testet die Schnitte und Plottdesigns auf Herz und Nieren. Es soll ja jede Größe gut passen! Die Modellbilder der Mädels schmücken meinen Blog, meinen Shop und die Ebooks.

Sonja

Mein Online-Shop: www.fromhearttoneedle.com
www.facebook.com/fromhearttoneedle
www.instagram.com/from_heart_to_needle
www.makerist.de/users/from_heart_to_needle

… IN ZUSAMMENARBEIT MIT SARA

Ihr Lieben,

ich freue mich sehr, dass ich mich kurz vorstellen darf: Ich heiße Sara und lebe mit meinem Mann und unseren beiden Jungs auf der schönen schwäbischen Alb.

Zum Nähen bin ich über meinen eigentlichen Beruf – Hebamme – gekommen. Diesen habe ich voller Leidenschaft ausgeführt, aber er verlangte auch einen Ausgleich, den ich vor fünf Jahren für mich entdeckt und total liebgewonnen habe: das Nähen.

Die Neigung zur kreativen und detailverliebten Verarbeitung von Stoffen jeglicher Art wurde mir nicht zuletzt von meiner Oma, die Maßschneiderin war, vorgelebt. Sehr schnell wurde daraus mehr als ein Hobby: Ich gründete unser Label Sara&Tom und mittlerweile dürfen wir einen kleinen, feinen Onlineshop mit liebevoll genähten Produkten unser Eigen nennen.

Durch meinen Mann kam ich mit unserer gemeinsamen Leidenschaft in Berührung: der Fotografie.

Diese beiden Tätigkeiten sind für mich ein Geschenk des Himmels, denn damit kann ich nicht nur kreativ sein, sondern auch zur Ruhe kommen. Beides lässt sich wunderbar kombinieren, indem ich Nähanleitungen zu Schnittmustern erstelle und diese dann mit guten Schritt-für-Schritt-Fotos ergänze.

Mein Wunsch ist es, dass auch Nähanfänger anhand der Texte und Fotos ihren Weg zu einem wunderschönen, selbstgenähten Produkt finden. Daher ist es mir eine große Freude, dass Sonja mich „ins Boot geholt hat" und ich sie bei diesem Herzensprojekt, aber auch in vielen anderen Bereichen begleiten darf.

Ich wünsche euch ganz viel Freude und Inspiration beim Lesen dieses Buches und beim Nacharbeiten der Modelle!

Herzlichst

Sara